Dieses Buch gehört:

Das Kochbuch aus Nürnberg

Küchenschätze aus Nürnberg
und Umgebung

gesammelt und aufgeschrieben von
Irene Reif

verlegt von

Wolfgang Hölker

ISBN: 3-87191-119-4
Die Auslieferung an den Handel:
M. Edelmann, Nürnberg

Printed in W.-Germany by Druckhaus Cramer, Greven
Musterschutz angemeldet beim Amtsgericht Münster
Illustration im Vorsatz und Nachsatz:
Nürnberg – Ansicht (a.d. Schedel'schen Weltchronik
von 1493)

Inhalt

Die Rezepte sind, wenn nicht anders vermerkt, für 4 Personen.

Ein Lob

Fleischbrücke und Herrenmarkt, 1670

der Nürnberger Küche

Wie ist jene beste aller guten Küchen nun wirklich? Eines vorweg: Sie ist einmalig. Die einen nennen sie zu deftig und derb, ja gaumenbetäubend, die anderen beschwören ihre Geschmacksvarianten, preisen ihre Zartheit, wobei sie allerdings zugeben, daß jene mehr pikanter Art sei, mehr eine erdgebundene, keine himmlische – und loben die Würzfreudigkeit der Hausfrau, die sich freilich zumeist auf die althergebrachten Gewürze beschränkt, Neuerungen erst nach langem Prüfen und mit vielen Zweifeln in ihr Repertoire aufnimmt.

Zweifellos liegt hier ein Ansatzpunkt zur Charakterisierung der Nürnberger Küche. Sie hängt an Traditionen, klammert sich – hier muß der Nürnberger sich das Attribut gefallen lassen – provinziell an Althergebrachtes. Ein Kurzsteckbrief könnte lauten: Die Küche ist den Nürnberger Umlanden angepaßt, sie gleicht den Landschaftsbildern. Tausend Impressionen vergibt die Landschaft – tausend die Gastronomie.

Herzhaft ist die Nürnberger Küche, schwer und gehaltvoll. Gebratene Schäufele, knusprige Knöchle, duftender Schweinebraten, wohlgewürzt mit Majoran und Kümmel, dazu Salate der derbsten Sorte, wie Sellerie und rote Rüben – und natürlich Knödel, d. h. „Klööß, Klüüß" oder schlicht „Kniedla".

In Nürnberg weiß man zu braten! Eine Kalbshaxe wird hier wirklich gebraten, nicht erst nach bayrischer Art vorgekocht und dadurch um den Geschmack gebracht. Kenner erinnern sich an dunkle, intensiv-fleischig duftende Soßen. Diätapostel kommen allemal zu kurz.

Wenn man den Nürnberger bäte, rasch seine deftigen Schlemmereien aufzuzählen, wird er immer zuerst diese Braten nennen. Sauerbraten, jener mit der dicken, süßsauren, dunklen Soße, und Metzelsuppe (Schlachtplatte) schließen sich an, mitten hinein packt man den fränkischen Fischkönig, den Aischgründer Karpfen, den man nur in Franken dieserart gebacken – in reinem Butterschmalz – serviert bekommt. Ihm folgt dicht die Forelle – wohlgemerkt die fränkische Bachforelle, z. B. aus den noch relativ sauberen, grünen Salmonidgewässern. Sie beliebt man blaugesotten mit Kren und Butter zu verspeisen.

Weihnachtsgans und Martini-Ente (oder -Gans) stehen mit im ersten Glied der aufmarschierenden Tischlieblinge. Ohne Deckel im Rohr, in der alten Eisenpfanne gebraten, entwickelt der fränkische „Gonsbauch" einen märchenhaften Duft. Dabei hat das Flügeltier nur Beifuß im Bauch, keine raffinierte Fülle. Unbedingt dazu gehören die rohen Klöße und die heimatlichen Salatsorten Sellerie, rote Rüben und Rapunzel. Wer nicht bis Martini warten will, darf sich an den Rat eines alten Nürnbergers halten: „Willst du dir im Juni a Goutes tou, eß a Grosgänsla und an Spargers derzou!" Womit der fränkische Salatfürst auf die Bühne gebeten wird, der Spargel, jener aus dem Knoblauchsland vor den Toren Nürnbergs und aus Unterfranken. Spargel in Buttersoße ist eine Delikatesse; überwiegend jedoch ißt man die teure Kostbarkeit in Essig und Öl – wenn man Glück hat, dazu Schinken, in Brotteig gebacken. Wobei der Franke stets das alte Brotteigrezept meint, nicht in Wasser heißgemachten Schinken, der scharlatanisch in Brotscheiben gedrückt wird.

Wild und Wildgeflügel kommen zu Ehren. Wurstspezialitäten bilden Spalier. Daß es die Nürnberger Stadtwurst wirklich nur in und um Nürnberg gibt, ist den Bewohnern der Frankenmetropole Genugtuung; auch die fingerlangen Rostbratwürste haben sie für sich gepachtet, wenngleich es im ganzen Land von Bratwurstküchen wimmelt. Daneben die Preßsack-Gourmets, die Freunde der alteingesessenen Bauernwurstsorten. An der

Namensgebung zeigt sich schon die fränkische Struktur, das Festkleben an Überliefertem. Wenn ein Gast in einem soliden Gasthaus einen Preßkopf bestellt und einen Preßsack meint, verfolgt Mißtrauen jeden seiner Bissen. Geht er so weit, statt „Stadtwurst mit Musik" (mit Essig, Öl und Zwiebeln) einen Wurstsalat zu verlangen, hat man ihn als feindlichen Spion enttarnt. Das „Nürnberger Gewärch" und das „Nürnberger Gmanschi" bringen sowieso nur Durcheinander in der Verständigung. Selbst Alteingesessene geraten sich beim Finden der Wahrheit in die Haare. Hier wird Stadtviertelpolitik betrieben. Der Altstädter widerspricht dem „Reigschlaaftn" (dem Eingemeindeten). Ein Nürnberger Gewärch ist schlicht Stadtwurst und Preßsack, klein geschnitten, in Essig und Öl mit viel Zwiebeln (die Musik). Ein Gmanschi jedoch ist ein Salatgemisch (s. Rezept Seite 81). Nicht vergessen werden darf der „Obatzer" oder „Backschtaakees", ein Limburger oder Romadur, so weich, daß er davonläuft, vermischt mit weicher Butter, viel, viel kleingehackten Zwiebeln und Paprika. Ob man Frankenwein oder Bier dazu trinkt, bleibt sich gleich.

Die Suppenfreundlichkeit hat sich bis heute erhalten. Suppen mit Seelen sieden leis und erzählen von gestern und vorgestern. Ihr Inhalt macht sie zu Sonntags- oder Hochzeitssuppen. Einer solchen delikaten doppelten Fleischbrühe zu widerstehen, verlangt ungeahnten Heroismus. Schwemmklöße, Leberklößchen, Pfannenkuchenstreifen, hausgemachte Nudeln – als Dekoration ein paar Blumenkohlröschen. Zur Augenweide, der Form halber, damit das Vegetarische nicht zu kurz kommt.

Obwohl sie ihr Knoblauchsland im Hintergrund haben: Vegetarier sind die Nürnberger allesamt nicht. Gemüse bleibt Beilage, selbst die geliebten „Schtorzernärla" (Schwarzwurzeln), deren Namen angeblich die Römer hinterlassen haben sollen. Allgemein – die Nürnberger an erster Stelle – wird die Ansicht vertreten: „A Kalbshaxn is aa a gouts Gmöis – fraali blouß, wemma is Gmöis mooch."

Suppen

Duttenhofer, nach K. A. Heideloff

Rathaus, 1822

Nürnberger Zwiebelsuppe Aufbrennte

1 l Fleischbrühe (nach Geschmack noch nachwürzen mit Salz und Pfeffer), Suppengrün, 3–4 große Zwiebeln, 50 g Schweineschmalz

Kochen Sie die Fleischbrühe mit dem Suppengrün kräftig durch. Inzwischen rösten Sie die kleingeschnittenen Zwiebeln in dem Schmalz. Lassen Sie diese nicht zu dunkel werden! Die Fleischbrühe tragen Sie in einer Suppenterrine zu Tisch und „brennen" die Suppe erst dort auf, indem Sie die gerösteten Zwiebeln mit dem Schmalz in die Brühe gießen. Dazu können Sie frisches, knuspriges Weißbrot reichen oder auch deftiges Schwarzbrot.

Kochzeit 10 Minuten.

Abwandlung: Harte Schwarzbrotreste können Sie hier gut verwerten. Schneiden Sie diese in mundgerechte Brocken, dann geben die Stücke in die Terrine: Erst jetzt übergießen Sie mit der Brühe und den gerösteten Schmalz-Zwiebeln.

Metzelsuppe

1 l Metzelsuppe, nach Geschmack noch Salz, Pfeffer, in Schweineschmalz geröstete Zwiebeln, Schwarzbrot

Diese so beliebte Suppe können Sie freilich nicht von Grund auf zu Hause herstellen, es sei denn, Sie schlachten selbst ein Schwein. Sie wird fertig vom Wirt oder Metzger nach Hause geholt. Die vom Wirt ist meist kräftig genug; Sie müssen sie nach Ihrem Geschmack nur noch abrunden. Dazu geben Sie am besten Bauernbrot. Natürlich können Sie auch harte Brotreste in die Metzelsuppe schneiden.

Wenn Ihre Metzelsuppe vom Metzger zu dünn und wäßrig sein sollte, kann Ihre Phantasie hier walten. Wurst oder Fleisch darin durchgekocht, eventuell auch geröstete Zwiebelringe machen Ihre zu dünne Metzelsuppe geschmackvoll und gut.

Noch ein Tip: Falls Sie Leberwürste und Blutwürste im Wasser heiß machen und es platzt eine, so ist das kein Malheur. Geben Sie noch Gewürze zur Brühe – und Sie haben nun doch eine Art hausgemachte Metzelsuppe.

Kochzeit 10 Minuten.

Brotsuppe
Wasserschnalzn

1 l Fleischbrühe, Schwarzbrotscheiben, 1 Teelöffel Kerbel, Schnittlauch nach Belieben, ebenso in Schmalz geröstete Zwiebeln, Pfeffer

Lassen Sie Ihre Fleischbrühe aufkochen und geben Sie dann erst Kerbel dazu, wenn Sie wollen auch Schnittlauch oder in Schmalz geröstete Zwiebeln. In einer Suppenterrine schichten Sie dick Schwarzbrotscheiben übereinander und gießen nun mit der Brühe auf.

Kochzeit 10 Minuten.

Abwandlung

1 l Suppe wie oben, in wenig Wasser oder Milch eingeweichtes Schwarzbrot

Die Suppenherstellung ist wie vor. Statt der Schwarzbrotscheiben nehmen Sie harte Schwarzbrotreste, reiben diese oder lassen sie etwas vorgeweicht durch den Fleischwolf laufen bzw. durch das Püriergerät der elektrischen Küchenmaschine. Die Brotmasse kommt zur Suppe. Dann kochen Sie alles zusammen noch einmal auf.

Kochzeit 10 Minuten.

Nürnberger Brennsuppe

750 g Mark- und Suppenknochen, 2 kleine Zwiebeln, 1 Bund Suppengrün, 50 g Schweineschmalz, Salz, Pfeffer, 1 Eßlöffel Kümmel (wenn möglich gestoßen), nach Belieben auch ½ Teelöffel Majoran, 1½ l Wasser

Zum Anbräunen: 40 g Schweineschmalz, 50 g Mehl, weißer Pfeffer, Weißbrotwürfel

Die Mark- und Suppenknochen (bitte achten Sie auf deren Frische!) waschen Sie gründlich. Nun lassen Sie das Schweineschmalz im Topf heiß werden und geben das zerkleinerte Suppengrün, die Zwiebeln und – nach Möglichkeit – zerhackten Kümmel hinzu, ebenso die Knochen. Bräunen Sie Knochen, Zwiebeln und Suppengrün kräftig an.

Wenn dies geschehen ist, gießen Sie Wasser auf, rühren kräftig durch und würzen vorab mit Salz und Pfeffer. Wenn Sie eine wirklich deftige Brennsuppe wollen, müssen Sie nur Geduld haben. Auf kleiner Flamme, aber stets leise siedend, müssen Sie die Brühe etwa 3 Stunden kochen lassen. Dann seihen Sie die Brühe durch ein Haarsieb. In dem heißen Schmalz „brennen" Sie das Mehl ziemlich dunkel (darf nicht anbrennen). Die Einbrenne geben Sie am besten mit dem Schneebesen zur Brühe und lassen diese dann kräftig aufkochen. Je nach Geschmack würzen Sie nach. Ein bißchen frisch gemahlener Pfeffer macht Ihre Brennsuppe noch pikanter.

Während der letzten 10 Minuten rösten Sie Weißbrotwürfel und geben diese in die Suppenteller. Nun füllen Sie die kochende Brühe auf.

Kochzeit 3 – 3½ Stunden.

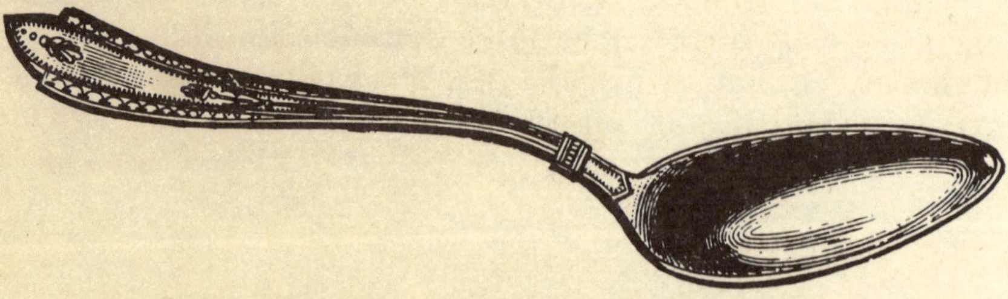

Kartoffelsuppe
Potack'n-Supp'n

1½ l Fleischbrühe, 500 g Kartoffeln, 1 Bund Suppengrün, Salz, Pfeffer, Majoran, Muskat, 2 mittlere Zwiebeln, 50 g Schmalz zum Rösten
Zur Einbrenne: 40 g Schmalz, 40 g Mehl, Prise Zucker zum besseren Bräunen.

Schälen und waschen Sie die Kartoffeln, dann schneiden Sie diese in grobe Stücke. Ebenso verfahren Sie mit dem Suppengrün.

Kartoffeln und Suppengrün geben Sie nun in die kochende Brühe, schmecken mit Salz und sehr wenig Pfeffer ab und lassen die Kartoffeln darin gar kochen. Wenn diese weich genug sind, zerstampfen Sie sie im Topf gleich mit dem Kartoffelstampfer, oder Sie gießen während dieses Vorgangs die Brühe in einen anderen Topf und füllen dann wieder auf.

Nun erst geben Sie Majoran und Muskat hinzu. Lassen Sie die Suppe leise sieden, während Sie die Einbrenne aus Schmalz, Mehl und Zucker (zum Bräunen) machen. Wenn Sie Angst vor Klümpchen haben, nehmen Sie am besten den Schneebesen, um die Einbrenne unter die Suppe zu rühren. Die nun „eingebrennte" Suppe muß noch kräftig aufkochen. Bevor Sie diese zu Tisch geben, können Sie nach Belieben schmalzgeröstete Zwiebeln darübergeben.

In Franken sehr beliebt: In der Suppe mitgekochtes geräuchertes „Bündle" (Schweinebauch), das man nach der Suppe mit Meerrettich und Brot ißt. Außerdem eignen sich Saftwürstchen, in der Suppe heiß gemacht, oder die echte Nürnberger Stadtwurst. Zu Würstchen und Stadtwurst ißt man Brot und Senf – Kren ist nicht verboten.

Abwandlung: Sie können diese Suppe auch passieren und dick mit Schnittlauch bestreut servieren.

Kochzeit 40 – 60 Minuten.

Franzosensuppe
Franzusn-Supp'n

1 l Fleischbrühe, Suppengrün, Majoran, 4–5 mittlere Kartoffeln

Unter der Herrschaft Napoleons I. lebten auch die Nürnberger karg. Wasser gab es, Gemüse und Kartoffeln gab es in den fränkischen Hausgärten – nur auf das Fleisch in der Suppe mußte man verzichten, und so durften die Besetzer mit ihrem Namen herhalten. Aber man kocht die Suppe heute noch, und sie schmeckt auch ohne Fleisch sehr gut.

Das „nackte" Wasser lassen Sie lieber; nehmen Sie besser eine herzhafte Fleischbrühe und garen viel Suppengrün und die geschälten, gewaschenen und in gleichmäßige Würfel geschnittenen Kartoffeln darin. Die Kartoffelwürfelchen dürfen nicht zerkochen, müssen noch kernig sein. Mit Majoran würzen.

Kochzeit 15 Minuten.

Leberklößchensuppe
Lebakniedla

1½ l gute Fleischbrühe, 150 g Rindsleber, 2 alte Brötchen, ½ Tasse Milch zum Einweichen, nach Bedarf noch Semmelbrösel und wenig heiße Milch, Salz, Pfeffer, Majoran oder Petersilie, 1 Zwiebel, 1–2 Eier

Drehen Sie die eingeweichten, gut ausgedrückten Brötchen zusammen mit der Leber, den Zwiebeln und der Petersilie durch den Fleischwolf. Die geschlagenen Eier und die Gewürze mengen Sie darunter und schmecken nach Geschmack und Belieben ab. Falls Ihr Teig zu flüssig sein sollte, mengen Sie noch Semmelbrösel darunter, die Sie vorher mit heißer Milch überbrühten und kurz quellen ließen. Die Leberklößchen, die Sie nun formen, dürfen nicht zu groß oder zu ungleich sein. Sie geben diese in die kochende Suppe und lassen sie darin bei kleiner Flamme gar sieden.

Kochzeit 30 Minuten.

Abwandlung: Leberknödel, die als Hauptgericht verwendet werden, z. B. zum Sauerkraut und zum Kartoffelpüree, dürfen Sie größer formen und in ca. 1 l Salzwasser garen.

Schwemmklößchensuppe
Schwemmklöß mit Pöiterla

1½ l gute Fleischbrühe, 2 Eier, 125 g Grieß, 80 g Butter, Salz, Muskat, 1 großes Bund Petersilie

Bringen Sie Ihre gute Rindfleischbrühe zum Kochen. Die Butter schlagen Sie inzwischen schaumig und geben langsam Eier und Grieß dazu, würzen die Masse und lassen diese dann ruhen, am besten zugedeckt und kühl etwa 30 Minuten.

Dann stechen Sie mit dem Tee- oder Suppenlöffel Klößchen ab (gegart müssen sie mindestens Eiergröße haben) und geben diese in die kochende Suppe. Wenn Sie Ihre Schwemmklöße „durch haben" wollen, müssen Sie diese ca. 30–35 Minuten bei kleiner Flamme sieden lassen. Aber fränkische Schwemmklöße haben eigentlich einen „Kern". Nach 20 Minuten wären sie gerade richtig. Während der letzten 10 Minuten Kochzeit geben Sie grob zerhackte, gartenfrische Petersilie in die Suppe und lassen diese mitziehen.

Kochzeit 20–35 Minuten.

Semmelklößchensuppe
Buttaklößla

1 l Fleischbrühe, 125 g Butter, Salz, Muskat, 1 Ei, Semmelmehl nach Bedarf (der Teig muß weich bleiben)

Verrühren Sie Butter, Ei, Muskat, Salz und Semmelmehl gut und stellen Sie dann die Masse sehr kalt – am besten in den

Kühlschrank, oberstes Fach, für ca. 30 Minuten. Inzwischen bringen Sie ihre Fleischbrühe zum Kochen. Nun drehen Sie rasch kleine Kügelchen aus dem gekühlten Teig und geben diese in die nun etwas vom Feuer gerückte, nicht mehr kochende Brühe. Darin müssen die Kügelchen dann ziehen (nicht kochen, sie zerfallen unweigerlich!). Sie geben die Brühe mit den Klößchen sofort zu Tisch und in die Teller.

Kochzeit 5 – 10 Minuten.

Selleriesuppe
Zöllari-Supp'n

1 l Fleischbrühe, 1 kleiner Selleriekopf, 40 g Butter, 40 g Mehl, etwas Selleriesalz zum Abschmecken
Außerdem: Toast, heiß und gebuttert

Den Sellerie waschen, schälen und zerkleinern Sie und kochen ihn in der Brühe gar. Dann seihen Sie diese und passieren den Sellerie grob. Geben Sie ihn wieder zur Suppe und lassen diese leise ziehen. Aus Butter und Mehl bereiten Sie indessen eine hellgelbe Schwitze, füllen mit der Selleriebrühe auf und schmecken dann kräftig ab. Gut wäre es, wenn Sie Ihre Selleriesuppe vor dem Anrichten noch kurze Zeit durchziehen ließen.

Kochzeit 45 Minuten.

Passend dazu heißgebutterter Toast.

Nürnberger Bohnensuppe
Bonnasupp'n

500 g grüne Bohnen, 2 gelbe Rüben, Salz, Pfeffer, Majoran, 3 Stengel Bohnenkraut, 50 g Schweinefett, 50 g Mehl, 2 l Fleischbrühe oder Wasser

Nachdem Sie die Bohnen gewaschen haben, ziehen Sie die Fäden ab und schnippeln dann dünne, gleichmäßige Stückchen. Die gelben Rüben (Karotten) schneiden Sie nach dem Waschen oder Schaben in dünne Scheiben. Dann setzen Sie das Suppengemüse zusammen mit Salz, Pfeffer, Majoran, gehacktem Bohnenkraut und Wasser auf und lassen es kochen, bis die Bohnen weich sind. Wenn Sie Fleisch mitkochen wollen, wie geräuchertes „Bündle" (Schweinebauch), Rindfleisch oder Schweinefleisch, ist es ratsamer, wenn Sie es schon vorkochen und die Bohnen nach halber Garzeit zum Fleisch geben.

Aus Schweineschmalz und Mehl bereiten Sie eine mitteldunkle, kräftige Einbrenne und geben diese, klümpchenfrei, zur Suppe. Nun schmecken Sie noch einmal ab. Wenn Sie das Bohnenkraut ungeschnitten mitkochten, müssen Sie es nun aus der Suppe nehmen.

Kochzeit 1–1½ Stunden (je nach Bohnensorte).

Milchsuppe, Nürnberger Art
A Lauwarme

2 l Milch, Salz und Pfeffer nach Geschmack, Weiß- oder Schwarzbrot
oder: 2 l Buttermilch, Zucker und Zimt nach Geschmack, Weiß- oder Schwarzbrot

Sie erwärmen die Milch gut, lassen sie aber nicht kochen! In die Suppenterrine geben Sie nun die Brotscheiben, auch harte Brotreste sind geeignet. Nun gießen Sie die warme Milch darüber. Nach Geschmack können Sie die Milch etwas salzen. Wenn Sie aber Buttermilch verwenden, nehmen Sie lieber Zucker und Zimt, das verträgt sich besser.

Kochzeit 10 Minuten.

Sonntagssuppen

Landauf-landab gibt es sie, in jeder Gegend ein bißchen variiert, als wollte man sich hier keine Ideenarmut vorwerfen lassen. Zur Grundlage haben diese „Sonntagssuppen" eines gemeinsam: eine Rindskraftbrühe edelster Art. Was man dann in die mittelfränkische „Sunntochs"- oder in die oberfränkische „Feierdäch"-Suppe gibt, bleibt den Hausfrauen überlassen.

Sunntochs-Supp'n Nürnberger Art

Deftigste Kraftbrühe (auf 2 l Wasser 2 kg durchwachsenes Rindfleisch und Markknochen), die, wie man hierzulande sagt, allein schon einen Toten aufweckt, wenn er noch nicht gestorben war.

In der Brühe schwimmen Blumenkohlröschen, feingehacktes Suppengrün und zierlich-zärtlich geformte kleine Leberklößchen. Eine Suppe also, die es „in sich" hat! Aber zur Sonn-, Fest- und Feiertagssuppe reichen diese Zutaten noch lange nicht aus. Nudeln müssen hinein, und zwar die am Sonntagmorgen frisch und hausgemachten, bei denen mit den Eiern nicht gespart wurde.

Notizen und Rezepte

Veschperla

Joh. Ludwig Stahl

ba uns dahamm

Der Schmausengarten, 1789

Nürnberger Ochsenmaulsalat

1 Ochsenmaul, 2 feingehackte Zwiebeln, Öl, Essig, Salz, Pfeffer, 4 Eßlöffel Frankenwein
Zum Kochen: Salzwasser, Lorbeerblatt, 2–3 Nelken

Ochsenmaulsalat bekommt man heute in vorzüglicher Qualität fertig, offen oder in der Dose zu kaufen, von einheimischen Firmen hergestellt. Wer das alte Rezept trotzdem selbst ausprobieren möchte:

Säubern Sie das Ochsenmaul (Sie werden es beim Metzger bestellen müssen) besonders sorgfältig, kochen Sie es dann in gesalzenem Wasser weich, entbeinen Sie es und häuten Sie es. Nach dem Abkühlen schneiden Sie das Fleisch in ganz feine, dünne Streifchen, geben es in eine tiefe Schüssel und gießen die aus Öl, Essig, Wein, Zwiebeln und Gewürzen vorbereitete Marinade darüber.

Der Nürnberger Ochsenmaulsalat muß mindestens 24 Stunden ziehen, bevor Sie ihn zu Tisch geben können. Servieren Sie ihn nicht mit Toast, wie so oft empfohlen wird! Reichen Sie dazu lieber gutes fränkisches Landbrot und Frankenwein.

Zwaa Nackerte auf fränkischem Bauernbrot

1 große Scheibe Schwarzbrot, 2 rohe Bratwürste, 1 Teelöffel edelsüßer Paprika, 1 mittlere Zwiebel

Sie schneiden eine große Scheibe kräftigen Bauerbrotes auf und ziehen dann zwei frische Bratwürste vom Metzger oder Wirt ab. Die Bratwurstmasse verteilen Sie auf dem Brot und geben feingehackte Zwiebeln darauf sowie edelsüßen Paprika.

Dazu wird Bier getrunken.

Stadtwurst mit Musik
Närmbärcha Gewärch

Pro Person 125 g weiße oder rote Stadtwurst oder Stadtwurst und Preßsack (oder nur Preßsack), Pfeffer oder Paprika, 1 mittlere Zwiebel, Essig und Öl

Ziehen Sie von der Stadtwurst erst die Haut ab, dann schneiden Sie sie in dünne Scheibchen und legen sie auf einen flachen Teller. Nun streuen Sie Pfeffer oder Paprika auf die Wurststückchen, gießen Essig und Öl darüber und geben die gehackte Zwiebel darauf. Mit Bier servieren.

Fränkischer Wurstsalat

100 g roter und weißer Hausmacher-Preßsack, gemischt, 100 g rote Hausmacher, 100 g weiße Hausmacher, 100 g guter Leberkäse
Zur Marinade: Essig, Öl, Pfeffer, frisch gemahlen, 3–4 mittlere Zwiebeln, fein gewürfelt
Tip: Die Salatschüssel vor dem Einlegen mit einer Knoblauchzehe einreiben!

Sie nehmen am besten rote und weiße Stadtwurst dazu, Hausmacherart, ebenso roten und weißen Preßsack und Leberkäse vom Wirt oder den guten vom Metzger. Diesmal schneiden Sie keine Scheibchen von der Stadtwurst, sondern schneiden sie nach dem Häuten der Länge nach durch und geben sie in nicht zu dünnen Streifchen zum Preßsack und zum Leberkäse, die ebenfalls in Streifen geschnitten wurden. In einer tiefen Schüssel machen Sie nun den Wurstsalat an. Wenn Sie Estragonessig verwenden, wird der Salat besonders schmackhaft.

Der Salat muß einige Stunden ziehen.

Dazu Schwarzbrot und Bier reichen.

Abwandlung: 1–2 mittlere Gewürzgurken würfeln und mit den Zwiebeln dazugeben.

Fränkische Bratwürste

Es gibt einige Sorten in Franken; berühmt sind die Nürnberger Rostbratwürste, die ganz kleinen, die man in den Spezial-Bratwurstküchen erhält. Daneben gibt es die normalen fränkischen Bratwürste, die in der Zusammensetzung nur einen kleinen Unterschied aufweisen, die in jedem Haushalt gebraten werden, in jedem Restaurant, die abgezogen dann die „Nackerten" abgeben. Als „Zwischendurch", z. B. zum Vesper, ißt man zwischen 3 und 24 Stück. Man kann Bratwurst auch meterweise kaufen. Sie eignet sich dann besonders gut für die zum Wein so beliebten:

Sauren oder „Blauen Zipfel"

Pro Person als Vesper 2 rohe Bratwürste, Wasser und Essig, 1 Eßlöffel Öl, 1 Prise Zucker und Salz, nach Belieben Pfeffer, 1 Lorbeerblatt, 2 Nelken, Wacholderbeeren, 6 große, in Ringe geschnittene Zwiebeln

Weil sie im Essigwasser eine bläuliche Farbe bekommen, heißen sie so. Sie sind als Zwischendurchgericht ideal – besonders für Mägen, die sich strapaziert fühlen (z. B. nach einer Alkoholnacht), oder wenn man nicht genau weiß, was man jetzt eigentlich möchte. Die Zubereitung ist einfach, wenn Sie die Brühe immer im Auge behalten.

Setzen Sie bitte Wasser mit Essig vermischt auf (nach Geschmack), dem Sie gleich eine Prise Zucker und einen Eßlöffel Öl, wenig Salz, Nelken, Lorbeerblatt und viel geschnittene Zwiebeln beigeben. Auch ein paar zerdrückte Wacholderbeeren schaden nicht. Wenn der Sud etwa 5 Minuten gekocht hat, legen Sie vorsichtig die rohen Bratwürste ein und schalten die Flamme auf klein – die „Blauen Zipfel" müssen nun so lange ziehen, bis sie unelastisch aussehen und eine bläuliche Farbe bekommen haben.

Garprobe: Testen Sie eine Wurst mit den Fingern an, sie muß sich jetzt hart anfassen, dann ist sie durch. Die Zwiebelringe müssen noch einen „Biß" haben.

So geben Sie die „Blauen Zipfel" zu Tisch: Bratwürste in den Teller geben, etwas Sud dazu und viele Zwiebelringe darüber.

Dazu reichen Sie Schwarzbrot und Bier oder Wein.

Als Vesper zu Hause: In Frage kommen hier nur die normalen Fränkischen. Ein bißchen Kartoffelsalat schadet nicht als Beigabe. Aber zum Vesper werden sie mit Weißbrot und Meerrettich, auch mit Senf und Bier aufgetischt.

Hausmacher Stadtwurst, Hausmacher Preßsack

gibt es am besten vom Wirt. Stadtwurst, ob rot oder weiß, ebenso Preßsack, rot oder weiß, gehören zu den beliebtesten Zwischendurch-Happen in und um Nürnberg. Man bekommt sie überall serviert. Mit Brot und süßsaurer oder Salzgurke, mit Meerrettich oder Senf.

Dazu trinkt man natürlich Bier.

Schlachttag beim Wirt gleich gegenüber

Am Nachmittag treffen sich die Stammkunden in der Gaststube „ba iham Weat". Der Opa mit dem Enkel, der dann andere Opas mit anderen Enkeln dort trifft. Heimkehrer von der Arbeit, die sich gerade noch rechtzeitig erinnerten: „Jessas – heit hout doch mei Weat gschlacht!" Und dann nimmt man eben so zwischendurch, auch wenn zu Hause die Frau und das Essen warten, einen Happen zu sich, „a Veschperla". Dazu gehören am Schlachttag: Blut- und Leberwurst, Leberkäse, Kesselfleisch, „Knoberla", die frische weiße Hausmacher (der Preßsack und die rote Hausmacher sind noch nicht fertig), Ohrnbäckla, Rüßerla, Schlußbaa, Knöchla, Scheiferla, Züngla, a Drumm vom Stiech, alles natürlich gekocht, nicht gebraten, in der Metzelsuppe, die besonders deftig schmeckt, wenn der Wirt Pech hatte und ihm ein paar Würste darin zerplatzten. Feierlich wird sie noch extra gesalzen und gepfeffert am Tisch, Schwarzbrot hineingebrockt und dann mit Andacht gelöffelt. Und das Kraut zum Fleisch ist an diesem Tag frisch gekocht, der eine bedauert's, der andere mag es so.

Und dazu gibt es natürlich Schwarzbrot und ganz frisch gekochte Pellkartoffeln – und Bier! Viel Bier.

Die Knoberla

– die fränkischen Knoblauchwürste – bekommt man natürlich auch in jedem guten Metzgerladen, aber am besten sind die vom Wirt, am Schlachttag gemacht. Genau wie Blut- und Leberwurst, kann man auch sie über die Gassenschänke nach Hause holen. Und wenn sie sich nach Stunden noch immer sehr intensiv bemerkbar machen („Tschuldichung, wissn S', ich hob heit mittoch Knoberla vo meim Weat gessn."), dann ist das kein Grund, daß man sie nicht wieder kauft – sie schmekken einfach zu gut!

Obatzer

150 g Limburger, 150 g Butter, Paprika, Pfeffer, 1 Zwiebel, 3–4 Rettiche in Scheiben, Salz

Suchen Sie sich in Ihrem Milchgeschäft den weichsten Limburger (Backschtakees) aus, den Sie bekommen können. Am besten legen Sie ihn auf ein großes Holzbrett und geben die gleiche Menge weiche Tafelbutter dazu. Nun nehmen Sie eine Gabel und manschen Käse und Butter so lange durcheinander, bis eine cremeartige Masse entstanden ist. Die Zwiebel müssen Sie besonders fein hacken und zuletzt noch daruntermengen. Formen Sie dann das Gemisch zu einem Ballen, streuen Sie möglichst dick Pfeffer und Paprika darauf und lassen Sie den Käseballen eine Weile ruhen (im Kühlschrank, 15 Minuten, unterstes Fach).

Ihren Gästen reichen Sie den Obatzer am besten mit deftigem Schwarzbrot, frischem Bier und Rettich, den Sie dünn geschnitten in eine Schüssel geben, salzen, mit einem Teller zudecken und ebenso lange ziehen lassen. Schütteln Sie nun die beiden Teller kräftig durch – dann ist der fränkische Rettich gerade richtig.

Ziebalas Kees

350 g Quark, Milch, Salz, Pfeffer, 1 Teelöffel Kümmel, 1 gehackte Zwiebel, nach Belieben Schnittlauch und Knoblauchsalz oder -pulver.

Hierzu können Sie Sahnequark verwenden, aber der einfache, magere tut es ebenso.

Geben Sie ihn in eine Schüssel, rühren Sie ihn mit etwas Milch sahnig, schmecken Sie dann mit Salz und Pfeffer und ein wenig Knoblauchpulver oder -salz ab. Die gehackte Zwiebel und der Kümmel kommen zuletzt darunter.

Dazu frische, heiße Pellkartoffeln oder Schwarzbrot.

Maurers Frühstück

Pro Person 100 g Limburger, viel Pfeffer, Essig, Schwarzbrot mit und ohne Butter

Einfach, aber herzhaft! (Schwachen Mägen sei davon abgeraten.) Sie legen den Limburger in Portionen auf die Vesperteller, geben eine ordentliche Prise Pfeffer aus der Mühle darüber und einen guten Schuß Essig.

Dazu Schwarzbrot mit und ohne Butter und Bier.

Fränkischer Lebakees vom Wirt

Ihn bekommen Sie am Schlachttag gegen Abend bei Ihrem Wirt, auch beim guten Metzger. In einem Darmnetz wird beim Bäcker Bratwurstgehäck mit Leber, Majoran usw. gebacken.

Dazu gibt es Soße und Pellkartoffeln oder Kartoffelsalat. Besonders beliebt die knusprigen Anschnitte.

Blut- und Leberwürste

Auch die bekommen Sie am besten am Schlachttag vom Wirt. Wenn Sie sich keine Metzelsuppe vom Wirt besorgen, machen Sie die Würste in Wasser warm. Bringen Sie das Wasser zum Kochen, geben Sie dann die Würste hinein – nicht mehr kochen, nur leise ziehen lassen.

Bauernseufzer
Bauanseifza

Fränkische Bratwürste, die der Wirt oder Metzger räuchert. Zu ihnen paßt vorzüglich Meerrettich, Senf oder auch Gurken.

Frankfurter

Eine Spezialität der fränkischen Wirte. Eine grobe Leberwurst (Landleberwurstart) mit vielen Gewürzen und Majoran.

Fränkische Sulzn

Beim Wirt, teilweise auch bei Ihrem Metzger, bekommen Sie die Wurstsülze (Stadtwurst in Aspik), die Bratwurstsülze (gebratene Bratwürste), die „Knöchlasulzn" (Schweinefüßchen in Aspik) und die Fleischsülze (Kesselfleisch, besonders mager, in Aspik).

Nürnberger Sülze, Hausfrauenart

500 g Schweineknöchle, ¼ bis ½ Schweinskopf, 750 g Schweinefleisch vom Stich oder Schlußbein oder anderes, Salz, Pfeffer, Essig nach Belieben, Lorbeerblatt, Suppengrün, Sülzenpulver, Salzwasser, 1 saure Gurke, 3 gelbe Rüben, 1 Bund Petersilie zur Dekoration

Sie holen sich von Ihrem Metzger dazu Schweineknöchle, ein Stück vom Schweinskopf mit dem Ohr wegen der Sülze und Schweinefleisch vom Schlußbein oder Stich – mager – und kochen alles in einem großen Topf mit Suppengrün und Salz, bis es weich ist. Dann lösen Sie das Fleisch von den Knochen, geben es in Schüsseln oder Suppenteller und bereiten aus der Kochbrühe unter Zuhilfenahme eines Sülzenpulvers die Sulzbrühe. Bevor Sie die Brühe auf das Fleisch geben, garnieren Sie die Portionen mit sauren Gurkenscheibchen, gelben Rüben und Petersilie. Wenn Sie kleinere Mengen zubereiten und aufteilen, ist es ratsamer, Sie geben die Sulzbrühe als erstes in die Teller, etwa einen kleinen Schöpflöffel voll, lassen sie gerinnen und legen dann erst das Fleisch mit der Dekoration ein. Danach mit Sulzbrühe auffüllen und kalt stellen.

Sulzbrühe abschmecken mit: Essig nach Belieben, Salz, Pfeffer, Lorbeerblatt (von Anfang an mitkochen).

Dazu frische Pellkartoffeln oder Schwarzbrot und Bier.

Der fränkische Karpfen als Veschperla

Reste vom blaugesottenen Karpfen, Sülzenpulver, Essigwasser oder Wasser-Wein-Gemisch, wenig Würze, Zitronenmonde, Petersiliensträußchen, 1 gelbe Rübe, 1 Gewürzgurke

Natürlich können Sie auch Reste vom gebackenen „Dicken" kalt als Brotzeit vorsetzen – aber hierzu schmeckt der blaugesottene doch besser. Sie ziehen auf jeden Fall die Haut ab, wenn Reste vom blaugekochten Karpfen auf den Tisch kommen. Dazu frisches Weißbrot und eine Remouladensoße anrichten.

Noch besser ist es, wenn Sie die Reste des „Blauen Karpfens" in Aspik einlegen. Hierzu rühren Sie das Sülzenpulver nach Vorschrift an und kochen es mit den Gewürzen, lassen es etwas abkühlen und geben ein paar Eßlöffel davon in die Portionsteller. Lassen Sie die Flüssigkeit erstarren und legen Sie nun die Karpfenstückchen dekorativ darauf, verziert mit Scheiben von Gewürzgurken, Zitronenmonden und Petersiliensträußchen und Gelbe-Rüben-Schnitzen. Dann erst geben Sie den Rest der Sulzbrühe darüber und lassen die Portionen im Kühlschrank erstarren.

Dazu schmeckt ebenfalls frisches, knuspriges Weißbrot oder Toast am besten. Getrunken wird guter fränkischer Weißwein.

Gerupfter

Pro Person 1 Camembert, nußgroße Butter, feingewiegte Zwiebel, etwas Paprika

Den Camenbert zerdrücken Sie mit der Gabel fein, rühren Butter, Zwiebel und Paprika darunter, vermischen alles gut und formen eine Kugel.

Dazu gibt es Schwarzbrot und Frankenwein.

Zwiebelkuchen
Zwiwelkoung

Hefeteig (siehe Seite 112), ohne Zucker, 100 g Speck, 2–3 Zwiebeln, 2 Eier, 2–3 Eßlöffel Sauerrahm, Salz, 1 Teelöffel Kümmel

Den aufgegangenen Hefeteig rollen Sie recht dick aus, legen ihn auf ein gefettetes Backblech und lassen ihn zugedeckt noch einmal aufgehen. Inzwischen schneiden Sie Speck und Zwiebeln kleinwürfelig und dünsten die Zwiebeln in dem Speck glasig. Die Eier verquirlen Sie mit dem Rahm, würzen mit Salz und Kümmel, geben die gedünsteten Zwiebeln darunter und bestreichen mit dieser Masse den Teigboden. Bei Mittelhitze goldbraun backen.

Zwiebelkuchen ist eine ideale Weinvesper!

Fischgerichte

Fischerstechen, 17. Jh.

Aischgründer Spiegelkarpfen, gebacken

1 Aischgründer Spiegelkarpfen (auch 2, wenn sie klein sind), Salz, Pfeffer, lockeres Mehl, 2 kg Butterschmalz, Zitronenachtel

Den frisch geschlachteten Karpfen lassen Sie gleich beim Fischhändler halbieren und ausnehmen, backfertig zurichten. Rogen oder Milcher nehmen Sie mit: Gebacken sind sie ein Leckerbissen. Zu Hause waschen Sie den Karpfen, reiben ihn trocken, salzen und pfeffern ihn gut; sollten die Hälften für Ihre Fett- oder Bratpfanne zu groß sein, schneiden Sie sie nochmals durch. Dann wenden Sie sie in lockerem Mehl und drücken es gut an. Nochmals ein bißchen nachsalzen und pfeffern.

Inzwischen haben Sie das reine Butterschmalz in der tiefen Bratpfanne (oder einem großen tiefen Topf) gut erhitzt und geben nun die Karpfenhälften oder -viertel ins Fett. Achten Sie bitte darauf, daß das Fett nicht zu heiß wird und auch nicht abkühlt. Der Fisch muß richtig im Fett schwimmen.

Die Innerei wird ebenfalls gesalzen und gepfeffert und kommt während der letzten 8 Minuten der Backzeit zum Karpfen ins heiße Fett.

Backzeit je nach Größe 20–25 Minuten, in der Fritüre 10 Minuten.

Das Karpfenbackfett wird in einen großen irdenen Krug gegossen, nachdem es geseiht wurde, und kühl gestellt. Man kann es drei- bis viermal zum Karpfenbacken verwenden, aber auch zu anderen Fischsorten.

Dazu ißt man fränkischen Kartoffelsalat, besonders saftig, Selleriesalat, auch gemischte Salate. Zitronenachtel als Garnitur.

Karpfen, blau

1–2 Karpfen, Salz, Zitronenachtel oder -scheiben, Butter zum Auslassen
Essigsud: Essig, in dem 2 kleine Zwiebeln in Scheiben mitkochen
Dünstsud: Essigwasser, Salz, Pfeffer, 1 Zwiebel, 1 Lorbeerblatt, wenige Pfefferkörner

Lassen Sie den Fisch wieder vom Händler vorbereiten, aber nicht halbieren. Spülen Sie ihn zu Hause ab und salzen Sie ihn innen. Dann legen Sie ihn auf eine Platte, übergießen den Karpfen mit kochendheißem Essigsud und setzen ihn kurze Zeit der Zugluft aus. Dann geben Sie den Karpfen in die Bratpfanne mit dem vorgekochten Fischsud (zwei Finger hoch in der Pfanne). Im gut vorgeheizten Rohr muß der Karpfen nun bei mäßiger Hitze dünsten. Er ist gar, wenn sich die Rückenflosse leicht herausziehen läßt.

Wenn Sie ihn zu Tisch bringen, geben Sie etwas von dem Fischsud und die Zitronenscheiben mit auf die Platte.

Garzeit im Rohr etwa 35 Minuten, auf dem Herd im Topf gesotten etwa 20–25 Minuten bei kleiner Hitze.

Dazu ißt man Salzkartoffeln, gemischte Salate (Sellerie-, Blatt-, Rote-Rüben-Salat) und heiße, zerlassene Butter.

Fränkische Bachforelle, blau

Pro Person 1 Forelle, Salz, Pfeffer, Essig- und Dünstsud wie auf Seite 37, 3 Zwiebeln zum Sud, 2 Zitronen in Scheiben, pro Person 60 g Butter
Apfelmeerrettichsahne: 1 geriebener Apfel, ⅛ l süße Sahne, geschlagen, 1 Becher Meerrettich, tafelfertig

Die Zubereitung ist wie bei Karpfen blau, nur binden Sie die Forellen mit Bindfaden zusammen (Kopf und Schwanzende), damit sie eine schöne Form behalten.

Nach dem Garen richten Sie die Forellen auf den Portionsplatten mit Zitronenscheiben, Zwiebelringen und einem Eßlöffel des Fischsuds an. Dazu reichen Sie fränkischen Meerrettich, mit Schlagsahne und geriebenen Äpfeln verfeinert, und viel sehr heiße, zerlassene Butter.

Garzeit 20 Minuten.

Dazu ißt man Salz- oder Stampfkartoffeln, auch frische Pellkartoffeln, in heißer Butter geschwenkt, und Frischsalate, hauptsächlich Blattsalate.

Fränkische Bachforelle, gebacken

Pro Person 1 Forelle, Salz, Pfeffer, Mehl und Paniermehl, reichlich Butter oder Butterfett, 1 Zitrone, Sahnemeerrettich, Petersilie

Die vorbereitete Forelle salzen und pfeffern Sie leicht, wenden sie in Mehl, dem Sie etwas Semmelmehl beimengten. Dann backen Sie sie in reichlich Butter oder Butterfett schön goldbraun von allen Seiten.

Garzeit etwa 12 Minuten.

Dazu ißt man Salzkartoffeln, Kartoffelsalat, saftige, grüne Salate und gemischte Salate. Die Bratbutter wird über die Forelle gegeben; mit Zitronenscheiben und Petersiliensträußchen garnieren. Auch Sahnemeerrettich wird dazu gegessen.

Flußaal

1 Flußaal (ca. 1 kg), Zitronensaft, Salz, Pfeffer, 1 Knoblauchzehe, 1 mittlere Zwiebel, ½ Lorbeerblatt, 80 g Butter, 2 Teelöffel Dillspitzen, 1 Prise Estragon, 1 Teelöffel Kerbel, 1 Eßlöffel Petersilie, ¼ l Frankenweißwein (Sylvaner)
Kräuterbutter: Frische Sahnebutter mit Selleriesalz und feingehackten Kräutern verrühren (Schnittlauch, Petersilie usw.), kalt stellen, zu den Pellkartoffeln geben

Lassen Sie vom Aal die Haut abziehen (oder tun Sie es selbst). Den Fisch ausnehmen und in Portionsstücke schneiden, ca. 6 cm lang. Waschen Sie die Stückchen, tropfen Sie Zitronensaft darauf, salzen und pfeffern Sie sie mäßig. Die Kasserolle reiben Sie nun mit einer Knoblauchzehe kräftig ein, geben die Butter hinzu und die geschnittene Zwiebel wie auch das halbe Lorbeerblatt. Geben Sie die Aalstücke darauf und lassen Sie alles zusammen kurz andünsten. Dann streuen Sie dick Dillspitzen oder frischen, gehackten Dill auf den Aal, zerreiben Estragon darüber und geben eine Prise Kerbel und gehackte, frische Petersilie dazu. Inzwischen siedet der Aal leise weiter. Jetzt geben Sie ein großes Glas Frankenwein (Sylvaner) über den Fisch mit den Kräutern, decken den Topf zu und lassen den Aal in dem Sud langsam gar ziehen.

Nach dem Garen kochen Sie den Sud etwas ein, schmecken mit Salz und Pfeffer ab und passieren die Soße.

Garzeit 20 Minuten.

Fleischgerichte

Joh. Adam Delsenbach

Zollamt, Zeughaus und Wagenremise, 1725

Fränkische gebratene Knöchle
Knöchla

Pro Person 1 Rosen- oder Stiftknöchle, Salz, Pfeffer, Paprika, 1 Eßlöffel Schweineschmalz, 1 Teelöffel Mehl, 1 Teelöffel Majoran, 1 Eßlöffel gestoßener Kümmel, 1 große Zwiebel, 2 kleine Tomaten, 1 gelbe Rübe, heißes Wasser

Waschen, pfeffern und salzen Sie die frischen Rosen- oder Stiftknöchle, schneiden Sie dann die Schwarte an mehreren Stellen am Rand etwas ein. In die Schwartenhaut reiben Sie noch edelsüßen Paprika ein und bestäuben sie mit wenig Mehl.

Geben Sie nun das Schmalz zusammen mit dem gestoßenen Kümmel, den Zwiebelwürfeln und dem Majoran in die Bratpfanne, zerlassen Sie es, geben Sie dann die Knöchle hinzu. Lassen Sie diese kurz darin anbraten, gießen Sie alles mit einer Tasse Wasser auf und geben Sie die Tomaten und die gelbe Rübe hinzu. Das Backrohr wurde inzwischen vorgeheizt (ca. 250 °C). Jetzt die Pfanne mit den Knöchle hineingeben und langsam braten, bis das Fleisch schön braun und knusprig ist. Zwischendurch werden die Knöchle gewendet und mit der Soße begossen (Wasserzugabe zur Soße je nach Bedarf).

Wenn die Knöchle gar sind, nehmen Sie diese aus der Pfanne und stellen sie warm. Die Bratensoße samt Bratensatz seihen Sie durch ein Sieb und reichen diese separat.

Garzeit je nach Größe der Knöchle 1–1½ Stunden bei 220 °C durchschnittlich.

Dazu ißt man rohe Klöße und Salate.

Gebratenes Schäufele
Scheiferla

2 mittlere Schäufele, Salz, Pfeffer, Paprika, Tomaten, Zwiebel, gelbe Rübe, Kümmel, Majoran, Mehl zum Bestäuben, heißes Wasser

Achten Sie darauf, daß Sie wirklich ein Schäufele (Beinfleisch) bekommen. Sie waschen es, salzen und pfeffern es gut, nach Geschmack kann auch Paprikapuder verwendet werden. Im übrigen ist die Zubereitung wie bei „Knöchle".

Bratzeit je nach Größe 1½–2 Stunden.

Dazu ißt man rohe Klöße und Salate oder Kartoffelsalat und Frischsalate.

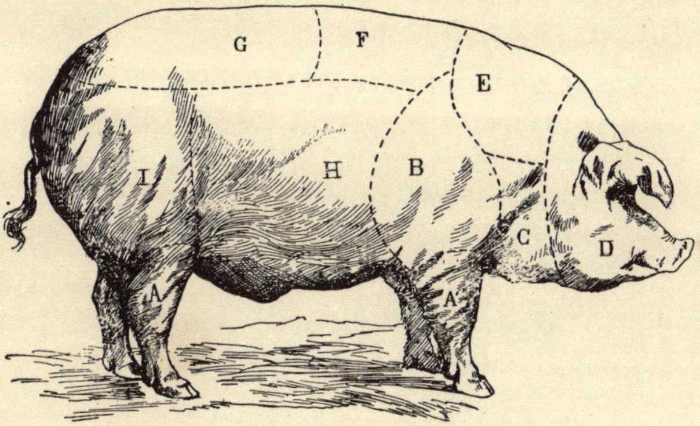

Schlußbein und Stich, gebraten
Schlußbaa und Stiech

Schlußbein oder Stich (oder beides), heißes Wasser, 1 Eßlöffel Schmalz, Würzzutaten nach Belieben

Sie waschen und würzen Schlußbein und Stich wie in den Rezepten für fränkische Braten. Die Bratmethode ist dann ähnlich. Beim Stich lassen Sie auf jeden Fall die Schmalzzugabe zum Anbraten weg, schieben die Pfanne mit dem Fleisch mit einer knappen Tasse Wasser in das Rohr (Stich hat genug Eigenfett).

Bratzeit 1½ Stunden.

Dazu ißt man rohe Klöße und gemischten Salat.

Schweinebraten
Schweinsbrotn

1½ kg Roll- oder Karreebraten oder Hals, Pfeffer, Salz, Senf, ca. ½ l heißes Wasser, übliche Soßenzutaten.

Dazu eignet sich am besten Schweinskarree (Kotelett), auch gerollter Braten oder Schweinehals.

Sie trocknen das gewaschene Fleisch gut ab, bestreichen es nicht zu dünn mit mittelscharfem Senf, salzen und pfeffern es leicht. In die Bratpfanne geben Sie heißes Wasser, die geteilten Zwiebeln, die gelbe Rübe und die geviertelte Tomate, Kümmel und Majoran und legen nun den Braten darauf. Im vorgeheizten Bratofen muß er unter häufigem Beschöpfen (nötige Wassermenge heiß zugießen) schön goldbraun braten. Soße wie üblich herstellen unter Zuhilfenahme des Bratensatzes.

Bratzeit 1½–2 Stunden.

Dazu ißt man rohe Klöße und gemischten Salat, Kartoffelsalat und Frischsalate.

Fränkischer Schwartenbraten

1½ kg Schwartenbraten, Salz, Pfeffer, Paprika, übliche Soßenzutaten, heißes Wasser, etwas dunkles Bier

Verlangen Sie ausdrücklich den Schweinebraten mit Schwarte. Lassen Sie ihn gleich vom Metzger kreuzweise einkerben. Waschen, salzen und pfeffern Sie ihn (Paprika, edelsüß, nach Geschmack), dann geben Sie ihn in die Bratpfanne mit heißem Wasser und den Soßenzutaten.

Sie müssen den Schwartenbraten besonders fleißig begießen und nach Bedarf heißes Wasser in die Bratpfanne nachgeben. Bei mäßiger Hitze (Mittelhitze) muß der Braten garen; gegen Schluß der Garzeit ein- bis zweimal mit Bier bepinseln, so wird die Kruste knusprig braun.

Bratzeit ca. 2 Stunden.

Dazu ißt man rohe Klöße und Salate nach Belieben.

Majoran-Filet

1 Schweinelende, Salz, Pfeffer, etwa 3 Eßlöffel Schmalz, 2 Eßlöffel gute Butter, 1 große Zwiebel, 1 großer geschälter, saurer Apfel, 1 Eßlöffel Majoran, Senf

Von der Schweinelende schneiden Sie Portionsstücke ab, etwa zwei Finger dick, streichen diese dick mit Senf ein, salzen und pfeffern sie leicht und geben sie dann in die sehr heiße Pfanne mit dem zerlassenen Fett. Zwiebelringe und Apfelscheiben, etwas Butter dazugeben. Dann die Filetscheiben schön goldbraun rösten. Für kurze Zeit (etwa 5 Minuten) geben Sie nach dem Bräunen einen Deckel auf die Pfanne. Kurz vor dem Garen streuen Sie dick Majoran auf die Fleischscheiben.

Garzeit 10–12 Minuten.

Dazu ißt man Stopfer und nach Belieben Frischsalate.

Kalbshaxe

1 große Kalbshaxe, Pfeffer, Salz, Paprika, 1 Teelöffel Majoran, heißes Wasser, 2 Eßlöffel Butter oder Schmalz, 1 Zwiebel, 1 Eßlöffel Tomatenmark, 1 dicke Scheibe Sellerie, 1 Tomate

Die fränkische Kalbshaxe wird vor dem Braten nicht halbgar gekocht, sie wird in rohem Zustand zugesetzt.

Sie ziehen sie mit dem kleinen, scharfen Küchenmesser vorsichtig die Häute von der Kalbshaxe (soweit möglich), waschen sie dann und trocknen sie gut ab. Dann reiben Sie die Haxe mit Salz und Pfeffer ein – eventuell mit wenig Paprika – und braten sie in der Bratpfanne in dem zerlassenen Fett ringsum an, gießen mit heißem Wasser auf und schieben die Pfanne ins vorgeheizte Rohr. Zur Soßenzugabe verwenden Sie Zwiebel, geschnittene Tomate, Majoran und Sellerie. Die Haxe sollte viel beschöpft werden. Das Wasser, das Sie nachgießen, muß stets heiß sein. Die Soße binden Sie mit wenig verrührtem Tomatenmark.

Garzeit 2 Stunden.

Dazu ißt man rohe Klöße und gemischen Salat, auch Sellerie oder Mehlklöße und Rapunzel.

Gebratene Kalbsnuß
Nüßla

1-1½ kg Kalbsnuß, ca. 50 g Butter oder Fett, Salz, Pfeffer, heißes Wasser oder Fleischbrühe, 1 Zwiebel, ½ Teelöffel Thymian, 1 Prise Salbei, 1 Teelöffel Peterle, 1 Schuß Frankenrotwein, Rahm

Legen Sie das gewaschene, gesalzene und leicht gepfefferte „Nüßla" in die Bratpfanne, begießen Sie es mit sehr heißem Fett, schieben es in das Bratrohr und lassen es bei mittlerer Hitze und häufigem Begießen (heiße Brühe oder Wasser zugeben) garen.

Zur Soße nehmen Sie Zwiebel, Thymian, Salbei und gehackte Petersilie (Peterle). Ein Schuß Rotwein, kurz vor dem Garen zugeben, macht die Soße pikanter. Mit Rahm verfeinern.

Garzeit 1½ Stunden.

Dazu ißt man rohe Klöße, halbseidene oder Mehlklöße, Salate jeder Art – oder hausgemachte breite Nudeln und Frischsalate, wie Rapunzel.

Eingemachtes Kalbfleisch
A Eigmachts

750 g Kalbsbrust, 60 g Butter, Salz, Pfeffer, Mehl, ¼ l Fleischbrühe, 1 Teelöffel Kapern, 1 Teelöffel Essig, 1 Prise Zucker, ½ Tasse Frankenweißwein, Zitronensaft, 2 Eßlöffel Sauerrahm

Dazu nehmen Sie Fleisch von der Kalbsbrust, vom Metzger schon in Stücke geschnitten. Salzen und pfeffern Sie das Fleisch mäßig, geben Sie es in die Bratpfanne zur zerlassenen heißen Butter und bräunen es ringsum nur ganz leicht goldgelb an. Stäuben Sie nun Mehl darüber, gießen Sie mit heißer Fleischbrühe auf, der Sie einen Schuß Essig beigaben. Lassen Sie dann das „Eingemachte" darin langsam garen.

Die Soße verfeinern Sie mit Kapern, Weißwein, Zucker und Zitronensaft. Den sauren Rahm geben Sie erst zuletzt hinzu.

Garzeit 45–50 Minuten.

Dazu ißt man breite Nudeln, grünen Salat, Reis.

Kalbsvögele
Vechala

4 dünne, große Kalbsschnitzel, Salz, Salbei, 2 Knoblauchzehen, Petersilie, 4 Scheiben roher oder gekochter Schinken, Majoran, 1 gelbe Rübe, 1 geriebene Zwiebel, Mehl, 60 g Butter, heißes Wasser oder Fleischbrühe, ½ Tasse Frankenwein, saure Sahne

Lassen Sie sich die Kalbsschnitzelscheiben vom Metzger mit der Maschine so dünn wie möglich schneiden, klopfen Sie sie nochmals, geben Sie dann ganz wenig Salz und Salbei darauf, wenig feingehackten Knoblauch und Peterle, nach Möglichkeit frisch. Auf jedes Schnitzel kommt nun eine dünne Scheibe Schinken, gekocht oder roh – falls er nicht zu salzig ist –, etwas Majoran, Gelbe-Rüben-Schnitze und feingeriebene Zwiebel. Wie Rouladen rollen Sie nun die Schnitzel mit der Fülle auf und umbinden sie entweder mit gekochtem Zwirn oder stekken sie mit Rouladennadeln fest, wälzen sie in Mehl und geben sie in die inzwischen zerlassene, sehr heiße Butter in der Pfanne. Lassen Sie sie kurz ringsum anbraten, sie sollen goldgelb sein, und füllen Sie dann vom Rande her heiße Fleischbrühe auf, der Sie später den Weißwein zugeben. Die saure Sahne quirlen sie zuletzt unter die Soße.

Garzeit 30 Minuten.

Dazu ißt man Salzkartoffeln, Reis, Nudeln und frische Salate.

Gebackener Kalbskopf, Oberpfälzer Art

1 Kalbskopf, Salzwasser mit etwas Essig und Lorbeerblatt zum Kochen, 2 Eier, Mehl, Semmelbrösel nach Belieben, Salz, weißer, frisch gemahlener Pfeffer, Zitronenrädchen oder -achtel

Ein Kalbskopf macht zweifellos mehr Arbeit als ein Steak, aber dafür ist er billiger – und richtig zubereitet schmeckt er sehr gut. Ihr Metzger liefert Ihnen den Kalbskopf geputzt und gebrüht. Sie brauchen nun nur noch die Ohren abzuschneiden, dann Haut und Fleisch von den Knochen zu lösen, Hirn und Zunge herauszunehmen und alles zusammen 30 Minuten gut in lauwarmem Wasser zu wässern. Zunge und Hirn können Sie entweder gesondert verwenden oder zusammen mit dem Kalbskopffleisch 30 Minuten kochen und dann kalt abschrekken.

Das ganz klein gewiegte Kalbskopffleisch geben Sie nach dem Kochen in Suppenteller und lassen es im Kühlschrank sülzig erstarren. Dann stürzen Sie die Teller, halbieren die Fleischmasse (pro Teller zwei Hälften) und wenden diese vorsichtig in Mehl, gewürztem verquirlten Ei und Semmelbröseln. Backen Sie diese „Kalbskopfschnitzel” dann in heißem Fett goldbraun und richten Sie sie mit Zitronenscheiben an.

Garzeit 30 Minuten kochen, 10 Minuten braten.

Nürnberger Sauerbraten, Hausfrauenart

1 kg Sauerbratenrindfleisch, Bratenfett oder Öl, 1–2 Markknochen zum Mitschmoren, 50 g Mehl, 50 g Schmalz, 1 Eßlöffel Zukker, ½ Tasse saurer Rahm, ½ Soßenlebkuchen, ½ Tasse Frankenrotwein, frisch gemahlener Pfeffer, Essig
Marinade: ¼ l Weinessig, 1 große Zwiebel, geschnitten, 3–4 Petersilienwurzeln, 3 Lorbeerblätter, 3 Nelken, 1 Teelöffel Thymian, 1 gelbe Rübe, 1½ l Wasser, 10 Pfefferkörner, einige Wacholderbeeren, 1 Eßlöffel Sultaninen

Waschen Sie das Sauerbratenfleisch, legen Sie es dann in eine tiefe Schüssel oder in einen tiefen Topf. Nun begießen Sie es mit der Marinade, die Sie vorher gut aufkochten. Das Fleisch muß von der Marinade ganz bedeckt sein und zugedeckt 2–3 Tage unter täglichem Wenden darin ziehen. Dann nehmen Sie das Fleisch aus der Marinade, trocknen es gut ab und geben es in den Schmortopf zum ausgelassenen Fett. Bräunen Sie es von allen Seiten gut an, löschen Sie mit einer Tasse Marinade, die Sie vorher durchseihten. Nach kräftigem Aufkochen geben Sie dann den Rest der Marinade langsam zu und lassen den Sauerbraten darin auf kleiner Flamme und im geschlossenen Topf gar schmoren. Bei Bedarf kann noch heißes Wasser oder Brühe nachgefüllt werden. Wenn das Fleisch weich ist, nehmen Sie es aus dem Topf und bereiten aus Mehl, Schmalz und Zucker eine dunkle Einbrenne, geben diese klümpchenfrei zur Soße und lassen sie nochmals gut durchkochen. Den Soßenlebkuchen verrühren Sie mit wenig saurer Sahne und geben ihn ebenfalls zur Soße; er muß kräftig mitkochen. Die Soße wird dann mit saurem Rahm, Pfeffer und Essig abgeschmeckt, der Frankenrotwein macht die Sauerbratensoße noch voller.

Den Braten schneiden Sie in nicht zu dünne Scheiben, geben ihn nochmals in die nun fertige Soße und lassen ihn darin gut durchziehen.

Garzeit 1½–2 Stunden.

Dazu ißt man rohe oder gekoche Klöße, Frischsalate, Sellerie und rote Rüben.

Nürnberger Roulade

Pro Person 1 Roulade, Salz, Pfeffer, Senf, 1 große Zwiebel, 75 g Räucherspeck, 2 Essiggurken, Mehl zum Stäuben, 60 g Schmalz, Öl oder Butter, Fleischbrühe, Sahne, Paprikaschote, Tomate, Speckschwarte, 4 Teelöffel roher Reis

Klopfen Sie die Fleischscheiben und geben Sie Salz und Pfeffer darauf. Dann bestreichen Sie sie dünn mit Senf. Zur Fülle verwenden Sie die gehackte Zwiebel, würfelig geschnittenen Räucherspeck und Streifchen von Essiggurken. In die Mitte einer jeden Roulade geben Sie noch einen gehäuften Teelöffel rohen Reis, wickeln die Rouladen nun auf und halten sie mit Fleischklammern, Hölzchen oder Bindfaden zusammen. Während Sie in der Pfanne oder im Schmortopf das Fett erhitzen, wälzen Sie die Rouladen in Mehl und braten sie dann von allen Seiten schön braun an, gießen mit heißer Fleischbrühe auf und lassen sie im zugedeckten Topf gar schmoren. Die Soße dicken Sie nach dem Garen mit Sahne ein und schmecken nach Belieben ab.

Zum Mitschmoren in der Soße eignen sich auch Tomaten oder eine geteilte grüne Paprikaschote und die Schwarte vom Räucherspeck.

Garzeit je nach Fleischart 45–60 Minuten.

Dazu ißt man Stopfer, Nudeln oder Reis oder halbseidene Klöße und jede Sorte Salat.

HAMMEL, SCHAF UND LAMM

In Deutschland ißt man wenig Hammel- oder Lammfleisch. Woher das kommt? Der Geruch sei es, meinen die einen. Jener typische Hammel- und Lammgeruch. Oder der Geschmack des Fetts, das nur in ganz heißem Zustand genießbar wird. In Irland, Jugoslawien, Griechenland, in Lothringen und in Nordafrika jedenfalls weiß man aus Hammel- und Lammfleisch Spezialitäten zu bereiten, die einfach köstlich sind.

Auch in Nürnberg und Umgebung tut man dem Tier, das Wolle liefert und allgemein unter dem Pauschalnamen „Schaf" abgetan wird, unrecht – aber nicht so sehr unrecht wie in anderen deutschen Gauen. Über die Ebenen Frankens und der Oberpfalz ziehen noch immer die Schäfer mit Hunden, Karren und – natürlich – Schafen. Wo es Wolle gibt, gibt es Schafe – und auch Schaffleisch.

Hammelkeule

1 Hammel- oder Schafkeule, Essig, Pfefferminze, Salz, Pfeffer, Bratfett, 1 Zwiebel, 1 Knoblauchzehe, 1 Teelöffel Kümmel, 1 Prise Majoran, 1 gelbe Rübe, Fleischbrühe, ⅛ l Sauerrahm, Rotwein

Mit Pfefferminzblättern (auch mit getrockneten) reiben Sie die Hammelkeule gründlich ein und lassen sie dann, eingewickelt in einen Essiglappen (Leinentuch, in Essig getränkt), über Nacht liegen. Anderntags zerlassen Sie Bratenfett in der Pfanne, salzen und pfeffern die Hammelkeule, geben Kümmel, Knoblauchzehe und Majoran zum siedenden Bratenfett, auch Zwiebelscheiben und gelbe Rübe, rösten darin die Keule von allen Seiten kräftig an und gießen mit heißer Fleischbrühe auf. Bei Mittelhitze muß die Keule unter fleißigem Beschöpfen garen. Danach wird sie heiß gestellt, die Soße mit Brühe losgekocht, mit saurer Sahne gebunden, mit einem Schuß Rotwein verfeinert und durch ein Sieb gegossen.

Garzeit 2 Stunden.

Dazu ißt man Mehlklöße oder rohe Klöße, Gemüse- oder Frischsalate.

Nürnberger Lammbraten

1 Lammkeule, Senf, Pfefferminze, Salz, Pfeffer, Bratenfett, Fleischbrühe, 2 Zwiebeln, Speckwürfel, Suppengrün, Thymian, 1 Schnapsglas Madeira, Rahm

Reiben Sie die Lammkeule mit gutem Senf ein, dann lassen Sie sie einige Stunden ruhen. Waschen Sie nun den Senf rasch ab, reiben das Fleisch mit Pfefferminze ein, salzen und pfeffern und setzen es dann in der Bratpfanne mit Bratenfett zu. Lassen Sie sie ringsum bräunen und bräunen Sie Zwiebeln, Suppengrün und Speckwürfel mit. Mit Fleischbrühe löschen Sie ab und braten die Keule nun unter ständigem Beschöpfen (nachfüllen bei Bedarf mit heißer Fleischbrühe) im Rohr gar.

Den Bratenfond kochen Sie mit Brühe auf, würzen mit Thymian und Madeira und dicken mit Rahm an.

Garzeit 1½–2 Stunden.

Dazu ißt man Gemüse, besonders Bohnengemüse, und Salzkartoffeln, die mit ausgelassenem mageren Räucherspeck übergossen werden.

Im übrigen gelten für Hammel, Schaf und Lamm die Regeln wie für Wildbret. Fleisch, das zum Braten verwendet wird, soll in einer Beize 1–2 Tage ruhen. Dann hat es den typischen Geschmack verloren.

Fleisch, das gekocht werden soll, darf nicht in eine Beize gelegt werden. Pfefferminzblätter und ein „Senfbad" helfen aber auch hier, den Hammelgeruch zu vertreiben. Das Fleisch von Jungtieren ist zart wie Kalbfleisch.

Fränkisches Ostergeißlein
Gaßla

1 Ostergeißlein (bratfertig), wenig Salz, Pfeffer, 150 g Butter, ½ l Fleischbrühe, 1 Glas Frankenweißwein, 1 Eßlöffel Sahne, Petersiliensträußchen, Zitronenrädchen, Brunnenkresse, nach Belieben Speckscheiben, möglichst ungesalzen, zum Umwickeln

In manchen Gegenden nimmt man statt des Geißleins (Zicklein) auch ein Lämmchen; überwiegend aber wird das „Ostergaßla" als Ostersonntagsspezialität serviert. Das Geißlein, ein ganz junges Tier, bestellen Sie am besten bei Ihrem Metzger, der es Ihnen auch bratfertig zubereitet. Sie müssen es gründlichst säubern, es kleben immer noch Fellhärchen am Fleisch.

Danach würzen Sie das Geißlein innen und außen mild und geben Petersiliensträußchen in das Innere. In der großen Bratpfanne (ein Ostergeißlein paßt gerade hinein) braten Sie es ringsum in guter Butter goldbraun an, füllen mit heißer Fleischbrühe auf und schieben den Braten ins vorgeheizte Rohr. In Speckstreifen gehüllt, bliebe der Braten saftiger, aber der Eigengeschmack des Geißleins nimmt zuviel „Fremdes" an; verfahren Sie ganz nach eigenem Belieben.

Braten Sie das Geißlein bei mittlerer Hitze, übergießen Sie recht häufig, und geben Sie nach dem Anbraten im Rohr einen Deckel auf die Bratpfanne, den Sie erst während der letzten 10 Minuten Bratzeit entfernen, um dann eine rasche Bräune zu erzielen.

Den Bratfond füllen Sie mit Fleischbrühe und mildem Weißwein auf und binden mit Sahne.

Auf einer großen Platte servieren Sie das zerteilte Geißlein und garnieren mit Zitronenrädchen, Petersiliensträußchen und Brunnenkresse.

Bratzeit 1–1½ Stunden.

Dazu ißt man hausgemachte breite Nudeln, Stopfer, Mehlklöße oder Kartoffelsalat und viel Frischsalate, mit Zitrone angemacht. Als Getränk paßt Frankenweißwein.

Abwandlung

Geißlein, gebacken: Das Geißlein in Portionsstücke zerteilen, würzen und in der Fettpfanne (schwimmend) in gutem Mischfett oder Butterschmalz ausbacken, vorher in wenig Mehl wenden.

Garzeit 20 Minuten.

Saure Nieren
Nierla

4 Schweinenieren, 3 mittlere Zwiebeln, Mehl, 60 g Schmalz oder Öl, heiße Fleischbrühe (1 Tasse), Salz, Pfeffer, Paprika, Sahne, 1 Prise Zucker, 1 Eßlöffel Essig, nach Belieben etwas Majoran oder auch Oregano in die Soße

Lassen Sie gleich vom Metzger die Schweinenieren halbieren, die Röhren entfernen und (falls er es tut) in dünne, gleichmäßige Blättchen schneiden. Waschen Sie sie gut (nicht wässern oder in Milch legen wie Rindernieren) und lassen Sie sie abtropfen. Geben Sie dann das Fett in die Bratpfanne. Wenn es richtig heiß ist, geben Sie die kleingehackten Zwiebeln und die Nieren hinein und rösten Nieren und Zwiebeln schön goldbraun. Dann stäuben Sie Mehl darüber, lassen es kurz mitbräunen und gießen mit heißer Fleischbrühe auf. Jetzt erst würzen Sie mit Salz, Pfeffer, Paprika, Zucker sowie Essig, geben kurz den Deckel auf die Pfanne. Sie schmecken die Soße ab und dicken mit Sahne ein. Die Nieren müssen weich sein, aber noch „Biß" haben.

Garzeit 10 Minuten.

Dazu ißt man Salzkartoffeln, Stopfer, grüne Salate.

Pikantes Schweineherz

2 Schweineherzen, Salzwasser mit 1 Lorbeerblatt, 1 Nelke und ½ Tasse Essig, 40 g Mehl, 50 g Schmalz, 1 Prise Zucker nach Geschmack, 1 Glas Frankenrotwein, 1 Prise Majoran, weißer Pfeffer, Sahne

(Auf die gleiche Art kann auch Ochsenherz zubereitet werden, nur bedarf es einer längeren Garzeit.)

In siedendem Salzwasser kochen Sie das Herz weich und schneiden es nach dem Abkühlen in feine Streifen. Aus Mehl, Zucker und Schmalz bereiten Sie eine dunkle Einbrenne, die Sie mit der Herzbrühe auffüllen. Das geschnittene Herz hinzugeben. Frankenrotwein, Majoran und frisch gemahlener Pfeffer kommen dazu; mit Sahne runden Sie die pikante Soße ab.

Garzeit 45 Minuten.

Dazu ißt man Stopfer, Salzkartoffeln, geröstete Kartoffeln und Frischsalate.

Kalbslunge
A Lunga

1 Kalbslunge mit Herz, Salz, Pfeffer, Zucker nach Belieben, 1 kleine Tasse Essig, 1 geschnittene Zwiebel, 1 Lorbeerblatt, 2 Nelken, 1 Teelöffel Majoran, 50 g Mehl, 50 g Schmalz, nach Belieben Rotwein

Dazu können Sie Schweinelunge mit Herz verwenden, aber auch Kalbs- und Jungrindlunge mit Herz. Am besten schmeckt Kalbslunge.

Waschen Sie Lunge und Herz gründlich, säubern Sie vor allem das Herz von gestocktem Blut. In reichlich Salzwasser mit Essigzugabe, Salz, Zwiebeln, Pfeffer, Lorbeerblatt, Nelken und Majoran sieden Sie dann die Lunge weich, nehmen sie aus der Brühe und lassen sie abkühlen. Soweit möglich, ziehen Sie die Haut von der Lunge ab (wenn diese noch gut warm ist) und schneiden dann Herz und Lunge in feine, längliche Streifchen, wobei Sie alle Röhren und Äste entfernen. Aus Mehl, Schmalz und Zucker bereiten Sie eine möglichst dunkle Einbrenne, gießen mit der Kochbrühe auf, schmecken ab und lassen die Soße kräftig durchkochen. Dann geben Sie die Lunge hinzu und lassen sie noch einmal 10 Minuten darin ziehen.

Garzeit 1 Stunde bei Schwein und Jungrind, 45 Minuten bei Kalb.

Dazu ißt man gekochte oder halbseidene Klöße, auch rohe und Mehlklöße, Stopfer und Salate nach Belieben.

Gebackene Leber, fränkische Art

400 g Leber in Scheiben, 80 g Schweineschmalz oder Butter, 2 mittlere Zwiebeln, Mehl, Salz, Pfeffer, Majoran

Lassen Sie die Leber gleich vom Metzger in möglichst dünne, gleichmäßige Scheiben schneiden. Nehmen Sie eine große Bratpfanne, lassen Sie darin Schmalz oder Butter heiß werden, geben Sie die Zwiebelringe dazu. Dann erst die in Mehl gewendeten Leberscheiben hineinlegen und rasch von beiden Seiten schön goldbraun rösten. Salzen und pfeffern Sie erst, wenn die Leber gar ist. Eine Prise Majoran, zum Fett in die Pfanne gegeben, verfeinert noch den Geschmack der fränkischen Leber.

Garzeit 6–8 Minuten, je nach Dicke der Scheiben. Es kann Schweine-, Kalbs- oder Jungrindleber dazu verwendet werden.

Dazu ißt man fränkischen Kartoffelsalat und Frischsalatbeilagen. Zwiebelringe werden auf die Leberschnitten gegeben.

Gebackenes Kalbsbries (woanders Schweser, Milcher)

2–3 Kalbsbriese, Essigwasser, Salz, Pfeffer, Petersilie, 100 g Butter

Wässern Sie das Bries mehrmals gut, bis kein Blut mehr heraustritt, und überbrühen Sie es dann mit heißem Essigwasser; so läßt sich die Haut leicht abziehen. Schneiden Sie das Bries in flache Scheiben, würzen Sie es mit Salz, Pfeffer und ein bißchen gehackter Petersilie. Nun braten Sie es auf beiden Seiten in sehr heißer Butter goldgelb. Sofort mit Bratbutter zu Tisch geben.

Garzeit 10 Minuten.

Dazu ißt man Salzkartoffeln und junges Gemüse oder Kartoffelsalat mit Frischsalaten.

Gebackenes Hirn

2–3 Kalbshirne, Salz, Pfeffer, Essigwasser, 2 Eier, 50 g Semmelbrösel, 100 g Butter

Häuten und wässern Sie das Kalbshirn, überbrühen Sie es kurz mit Essigwasser und halbieren Sie es. Würzen Sie mit Salz und Pfeffer, wälzen Sie es in verquirltem Ei und in Semmelbröseln. In sehr heißer Butter backen Sie es dann goldgelb aus.

Garzeit 10 Minuten.

Dazu ißt man Kartoffel- und Tomatensalat, grünen Salat.

Suppenhenne
Supp'nhenna

1 Suppenhuhn, 60 g Butter, Pfeffer, Salz

Kochen Sie das Suppenhuhn, das nicht zu alt sein soll. Falls Sie es dann nicht zur Nudel- oder Reissuppe geben möchten oder als Geflügelsalat oder Hühnerfrikassee verwenden, bepinseln sie es gut mit Butter, würzen es noch ein wenig nach und schieben es für kurze Zeit ins gut vorgeheizte Bratrohr, bis es gelbbraun ist.

Dazu ißt man Frischsalate und saftigen Kartoffelsalat oder Junggemüse.

Martini-Ente

1 Frühmastente, Salz, Pfeffer, Paprika, Salbei, 3 Beifußstengel, heiße Fleischbrühe, 4 zerdrückte Wacholderbeeren, 2 Selleriescheiben, 1 Zwiebel, 1 Tomate, kaltes Salzwasser, 2 Eßlöffel Weißwein, Rahm

Die bratfertige Ente (Sie bekommen sie frisch oder gefroren zu kaufen) waschen Sie bitte und trocknen sie gut ab. Dann reiben Sie sie gut mit einem Gemisch aus Salz, Pfeffer und Paprika ein. In den Entenbauch geben Sie nun Beifußstengel und etwas Salbei. Heizen Sie das Bratrohr gut vor (300 °C, dann zurückschalten auf ca. 230 °C), dann schieben Sie die Ente – zuerst mit der Brust nach unten – auf dem Rost ins Rohr. Darunter schieben sie die Bratpfanne mit heißer Fleischbrühe, zerdrückten Wacholderbeeren, Selleriescheiben, Zwiebel und Tomate in Würfeln. Nach der Hälfte der Bratzeit, nehmen Sie den Rost aus dem Herd, wenden die Ente und bespritzen sie mit wenig kaltem Salzwasser.

Die Bratensoße geben Sie durch ein Sieb und verfeinern sie mit Weißwein und Rahm.

Garzeit je nach Größe und Beschaffenheit 70–90 Minuten.

Dazu ißt man rohe und halbseidene Klöße, Kartoffelsalat, Rote-Rüben- und Sellerie-Salat, Rapunzel.

Nürnberger Weihnachtsgans

1 Gans von ca. 4½ kg, Beifuß, Salz, Pfeffer, Paprika, heißes Wasser, Currypuder, Majoran, Salbei, 1 Zwiebel, Crème fraîche

Die Nürnberger Weihnachtsgans wird nicht gefüllt! Säubern und waschen Sie Ihre Weihnachtsgans gründlich, nehmen Sie vorher die Innereien heraus. Kopf und Kragen schneiden Sie ab und geben sie zum Gansjung (Kopf, Kragen, Innereien, Füße und Flügelspitzen). Die Gans wird nun innen und außen gut mit Salz und Pfeffer eingerieben, Keulen und Flügel binden Sie mit gebrühtem Bindfaden fest. In das Innere kommt ein Beifußsträußchen. Mit edelsüßem Paprika und nach Belieben Currypuder wird die Außenhaut noch einmal eingerieben, bevor die Gans in der Bratpfanne mit einer Tasse heißen Wassers in die vorgeheizte Bratröhre geschoben wird. Die Brustseite liegt in der ersten Brathälfte nach unten. In die Bratpfanne geben Sie noch 1–2 Stengel Beifuß, je 1 Prise Majoran und Salbei und 1 kleine, geviertelte Zwiebel. Unter häufigem Begießen braten Sie die Gans nun bei gleichmäßiger Hitze und wenden sie nach etwa 1½ Stunden. Heißes Wasser muß nach Bedarf nachgegossen werden. Nach dem Wenden schöpfen Sie vorsichtig Fett von der Soße und stechen unterhalb der Keulen mit einer Gabel ins Fleisch, um überflüssiges Fett auszulassen. Während der letzten Stunde Bratzeit dürfen Sie die Gans nicht mehr begießen, damit die Haut knusprig bleibt. Ein Hilfsmittel hierfür ist auch: nach dem Garen die Gans mit kaltem Salzwasser bespritzen und auf den Rost legen, noch kurz

(8 Minuten) im Rohr lassen, währenddessen Sie die Soße fertigmachen.

Stellen Sie dazu Ihre Bratpfanne mit der Ganssoße auf den eingeschalteten Herd (notfalls zwei Flammen), schöpfen Sie noch einmal vorsichtig Fett von der Soße (kann erstarrt als Brotaufstrich verwendet werden), fischen Sie die Beifußstengel heraus oder seihen Sie die Soße. Crème fraîche wird nun daruntergequirlt und noch einmal abgeschmeckt.

Tranchieren der Gans: Nehmen Sie Ihre Geflügelschere und schneiden Sie die Gans am Brustbein entlang in zwei Hälften. Lösen Sie die Keulen nah beim Knochen und die Flügel mit dem oberen Teil der Brust. Die fleischige Brust (Pfaffenstück) bleibt unzerteilt. So tranchiert bekommen Sie von Ihrer Weihnachtsgans 2 Keulen (Schlegel), 2 Flügel mit Brustspitze, 2 Pfaffenstücke, 2 Mittelstücke.

Garzeit 3–3½ Stunden, je nach Größe und Gewicht.

Dazu ißt man rohe Klöße, Sellerie- und Rote-Rüben-Salat, frischen Rapunzel.

Nürnberger Ausrufer, 1797

Fränkisches Gansjung
Gänseklein

1 Gansjung, Salzwasser mit Suppengrün, Pfeffer, Lorbeerblatt, 2 Nelken, einige Wacholderbeeren, 2 mittlere Zwiebeln, ¼ Tasse Estragonessig, 4 Eßlöffel Frankenrotwein, 1 Eßlöffel Zucker, 40 g Mehl, 50 g Schweineschmalz

Dazu nehmen Sie Kopf, Kragen, Flügel, Füße, Herz und Magen der Gans und kochen alles in Salzwasser mit Suppengrün, Lorbeerblatt, Nelken, Wacholderbeeren und Zwiebeln weich. Dem Salzwasser geben Sie noch einen kräftigen Schuß Estragonessig bei. Nach dem Garen bereiten Sie aus Mehl, Schmalz und Zucker eine nicht zu dunkle Einbrenne, löschen mit der Kochbrühe, würzen mit Frankenrotwein und Pfeffer nach und geben das zerteilte, geschnittene Gansjung zur Soße. Den Kopf zerschlagen Sie, nehmen die Zunge und das Hirn heraus. Das Fleisch von den Knochen geben Sie ebenfalls zur Soße.

Garzeit 1 Stunde.

Dazu ißt man Stopfer mit Zwiebeln, Rote-Rüben-Salat.

Gefüllter Gänsehals
Gänskrong

1 Gänsehalshaut, Herz, Leber, Magen der Gans, 100 g Bratwurstgehäck, 1 Ei, 1 kleine Zwiebel, Petersilie, Salz, Pfeffer, Majoran, Salbei, Muskat, Oregano, Semmelmehl nach Bedarf, Butter zum Bepinseln

Ziehen Sie mit einem scharfen, spitzen Messer vorsichtig die Haut vom Gänsehals, dann nähen Sie diese nach dem Säubern und Waschen mit gebrühtem Zwirn dicht zu. Bereiten Sie eine Fülle aus feingewiegtem Gänseherz, Leber, Magen und Bratwurstgehäck, Ei, Semmelmehl und gewiegter Zwiebel sowie Petersilie. Schmecken Sie diese Masse mit Salz, Pfeffer, Majoran, wenig Muskat und Salbei ab. Auch Oregano hebt den Geschmack.

Heizen Sie das Bratrohr vor, legen Sie den gefüllten Hals auf den Rost (oder geben Sie ihn in den vorgeheizten Grill) und bepinseln Sie ihn gut mit zerlassener Butter. Während des Bratens muß er immer wieder mit Butter bepinselt werden.

Garzeit 45–50 Minuten.

Dazu ißt man Kartoffelsalat oder Toast. Der Hals wird in dünne Scheiben geschnitten, wenn er erkaltet ist, und zur Aufschnittplatte am Weihnachtsabend gegeben.

Gänseleber

Die Leber einer Gans kann für 4 Personen nur als Appetithappen gelten.

1 Leber, Mehl, 80 g Butter, Salz, Pfeffer, geschälte Apfelringe (1 Apfel), 1 Zwiebel

Schneiden Sie die Gänseleber in dünne Scheiben, dann wälzen Sie sie in Mehl. In der Bratpfanne zerlassen Sie die Butter, rösten darin Zwiebel- und Apfelringe glasig und geben die Leberscheibchen hinzu. Braten Sie sie beidseitig kurz goldbraun an. Nun geben Sie den Deckel auf die Pfanne (Gänseleber spritzt und braucht länger als andere Leber). Wenn sie gar ist (proben Sie an einem Stückchen, ob es innen durch ist), würzen Sie nicht zu sparsam mit Salz und Pfeffer und geben die Gänseleber dann sofort mit den mitgerösteten Zwiebel- und Apfelringen zu Tisch. Die Bratbutter mit dem Bratenzusatz wird über die Portionen gegossen.

Garzeit 15 Minuten.

Dazu ißt man frischen Stopfer, frisch gerösteten Toast und trinkt einen Frankenwein.

Gänseschmalz, ausgelassen

Fett einer Weihnachtsgans, 1 saurer Apfel, 1 Zwiebel

Das Schmalz Ihrer Weihnachtsgans wässern Sie mehrmals, befreien es von den Häutchen, schneiden es dann in kleine Würfelchen und geben es in die Bratpfanne. Reiben Sie den sauren Boskopapfel sowie die Zwiebel und geben Sie beides zum ausgelassenen Gansfett.

Nun seihen Sie das Fett durch ein Haarsieb in ein irdenes Gefäß und stellen es in den Kühlschrank. Auf fränkisches Schwarzbrot gestrichen, mit Salz, Pfeffer oder wenig Kümmel zu einem Glas Frankenwein, ist das eine Delikatesse.

Die Grieben, die zurückbleiben, schmecken, heiß gegessen, wenig gesalzen und gepfeffert, sehr gut. Kalt kann man sie in geröstete Kartoffeln geben.

Truthahn oder Pute
A Piepn

1 Truthahn, Zutaten wie Rezept „Gans", ohne Beifuß, Frankenwein, saure Sahne

Hier gilt das Rezept für gebratene Gans. Sollte der Truthahn zu mager sein, müssen Sie ihn zu Beginn des Bratens mit viel heißer Butter übergießen. Notfalls kann auch die Brust während der ersten Bratzeithälfte mit Speckscheiben umwickelt werden, falls der Truthahn zu groß ist und eine zu lange Bratzeit hat. Begießen Sie ihn ebenso häufig wie die Gans. Garen Sie ihn bei regelmäßiger Mittelhitze. Den Bratensaft schmekken Sie mit einem Schuß Frankenwein ab und rühren eventuell etwas sauren Rahm unter die Soße.

Garzeit 3–4 Stunden, auch etwas weniger, je nach Größe.

Dazu ißt man rohe Klöße, Kartoffelsalat, Rapunzel, Endivien-Kartoffeln (Gmanschi), Sellerie- und grünen Salat.

Fränkischer Rehschlegel

1 Rehschlegel, Speck, Salz, Pfeffer, 7–10 zerdrückte Wacholderbeeren, gemahlene Nelken, ¼ l Frankenrotwein, ¼ l Wasser, ¼ l Essig, Estragon, Pfefferkörner, 1 Zwiebel, 2 Lorbeerblätter, 60 g Schmalz, 40 g Mehl, Zucker nach Geschmack
Zum Verfeinern: 1 Schuß Frankenrotwein, 1 kleiner Becher saure Sahne

Kaufen Sie den Rehschlegel am besten gespickt, auch wenn er nicht so trocken ist wie ein Rehrücken, kann er diese Fettzugabe vertragen. Waschen Sie ihn gründlich, säubern Sie ihn von Haaren und Häuten. Dann geben Sie ihn in eine große irdene Schüssel und beizen ihn 2–4 Tage lang in einer Marinade aus Frankenrotwein, Essig und Wasser, unter Zugabe von Salz, Pfeffer und Pfefferkörnern, Estragon, Zwiebelringen, Lorbeerblätter. Die gekochte Marinade noch heiß über das Fleisch geben.

Vor dem Schmoren reiben Sie den abgetropften Schlegel mit Salz, Pfeffer sowie zerdrückten Wacholderbeeren ein und streuen wenig gemahlene Nelken darüber. Lassen Sie ihn im Schmortopf in heißem Fett von allen Seiten schön bräunen. Gießen Sie so viel von der geseihten Marinade dazu, daß der Schlegel zu drei Vierteln darin liegt. Während des Schmorens wenden Sie ihn gelegentlich. Wenn der Schlegel weich ist, bereiten Sie aus Zucker, Schmalz und Mehl eine mitteldunkle Schwitze, füllen mit der Kochmarinade auf und schmecken mit Frankenrotwein, saurer Sahne und Zucker ab.

Garzeit 1½–2 Stunden.

Dazu ißt man gekochte Klöße, Preiselbeeren, Sellerie- und Rote-Rüben-Salat, auch halbseidene Klöße und Salate oder Hausmacher-Nudeln.

Fränkischer Hase

1 ganzer Wildhase ohne Kopf, Buttermilch und Essig zum Beizen, Wurzelgemüse (1 gelbe Rübe, 1 kleine Sellerieknolle, 1 Stange Lauch, 3 Petersilienwurzeln), Salz, Pfeffer, ½ Teelöffel gemahlene Nelken, 6 zerdrückte Wacholderbeeren, 60 g Butter, Fleischbrühe, ½ Tasse Frankenrotwein, ½ Tasse saure Sahne, Zucker

Rollen Sie den gewaschenen und gesäuberten Hasen in ein sauberes Tuch, das Sie in Buttermilch-Essig legten. So bleibt er 1–2 Tage im Kühlschrank. Dann reiben Sie ihn mit Salz, Pfeffer, Nelken und Wacholderbeeren ein und braten ihn in heißer Butter ringsum gut an. Füllen Sie nun mit heißer Fleischbrühe auf, der Sie viel kleingeschnittenes Wurzelgemüse beigaben. Der Hase muß zu drei Vierteln darin liegen. Bei kleiner, aber gleichmäßiger Flamme wird er nun gegart. Zuletzt verrühren Sie die Soße mit dem Frankenrotwein. Vor dem Anrichten die saure Sahne darunterziehen und nach Geschmack mit Zucker nachwürzen.

Garzeit 1 Stunde.

Dazu ißt man gekochte Klöße, Blaukraut oder Preiselbeeren, hausgemachte breite Nudeln, Selleriesalat.

Wildsaubraten

1½–2 kg Wildschweinfleisch, Salz, Pfeffer, 5 Wacholderbeeren, ½ Teelöffel Majoran, 50 g Bratenfett, ¼ l Frankenrotwein, heiße Brühe, 1 große Zwiebel, 1 Knoblauchzehe, ¼ Tasse saure Sahne, ¼ Tasse Rotwein, 2 Eßlöffel Johannisbeergelee

Waschen und trocknen Sie das Fleisch, reiben Sie es mit Pfeffer und Salz gut ein. Streuen Sie zerdrückte Wacholderbeeren darüber und eine Prise Majoran. Übergießen Sie es dann in der Pfanne mit heißem Fett, braten Sie es kurz an, füllen mit heißem Wasser und Frankenrotwein auf und garen Sie den Braten im vorgeheizten Bratrohr unter regelmäßigem Beschöpfen. Grob zerkleinerte Zwiebel und die Knoblauchzehe braten Sie in der Soße mit. Wenn die Soße nach dem Garen zu fett sein sollte, schöpfen Sie das überflüssige Fett ab, passieren die Soße und rühren mit kalter Sahne, Johannisbeergelee und noch einmal Rotwein aus Franken auf. Lassen Sie die Soße wieder gut durchkochen und schmecken Sie diese dann, wenn nötig, mit Salz und Pfeffer ab.

Garzeit 2 Stunden.

Dazu ißt man Salzkartoffeln, Rosenkohl, rohe Klöße, Selleriesalat.

Wildente, fränkisch

2 Wildenten, Salz, Pfeffer, 1 Teelöffel Majoran, 250 g Speckstreifen, 50 g Speck zum Auslassen, heißes Wasser, ½ Tasse Frankenrotwein, Sahne, 6 kleine Nikolausäpfel (Pelzmärtel-Äpfel), 6 Teelöffel eingemachte Preiselbeeren

Salzen Sie die vorbereiteten Wildenten innen und außen, pfeffern Sie sie mäßig, dann bestreuen Sie sie mit Majoran. Um die Brust, um Keulen und Flügeln geben Sie Speckstreifen und binden diese zusammen. Lassen Sie nun etwas Speck aus und übergießen Sie mit dem Speckfett die Ente. Im vorgeheizten Bratrohr werden die Wildenten nun in der Pfanne angebräunt und ständig mit dem Bratenfett übergossen. Nach dem Bräunen geben Sie heißes Wasser nach und garen die Enten (einmal wenden!) langsam (ca. 1½ Stunden). Die Soße wird mit Rotwein eingekocht und mit Sahne verfeinert.

Die Äpfel werden innen ausgehöhlt. Dahinein geben Sie die Preiselbeeren. Die Bratäpfel werden dann im Backofen gegart.

Dazu außerdem Kartoffelnudeln und Blaukraut reichen.

Wildtauben

4 Wildtauben, Salz, Pfeffer, ¼ l Brühe, 100 g Butter, 1 Schuß Frankenrotwein, 2 Eßlöffel saure Sahne

Bereiten Sie die Wildtauben gut vor, salzen Sie sie von innen und außen. Braten Sie sie von allen Seiten in sehr heißer Butter schön goldbraun an. Dann füllen Sie mit heißer Fleisch- oder Geflügelbrühe auf. Darin müssen die Wildtauben gar dünsten. Rotwein und wenig saure Sahne werden mit daruntergerührt.

Garzeit 45 Minuten.

Dazu ißt man Stopfer und Schwarzwurzelgemüse, Fingernudelchen und junge Gemüse, in Butter geschwenkt.

Fasan

1 Fasan, Salz, Pfeffer, 100 g Speckstreifen zum Umwickeln, 30 g Butter zum Begießen
Fülle: Herz, Magen, Leber, 30 g Speck, 1 Ei, 1 Brötchen, Petersilie, Majoran
Soße: 1 Glas Kognak, 1/4 l saure Sahne, heiße Brühe oder Wasser

Den vorbereiteten Fasan reiben Sie innen und außen mit Salz ein. Aus Leber, Herz und Magen, die Sie klein gewiegt und in Speck angeröstet haben, aus der eingeweichten und gutausgedrückten Semmel und dem Ei, gehackter Petersilie, Salz, Pfeffer und wenig Majoran bereiten Sie eine Fülle, die Sie in den Fasan geben und den Vogel dann zunähen. Bestreichen Sie ihn in der Pfanne mit flüssiger Butter, wickeln Sie Speckstreifen um Brust und Keulen. Lassen Sie ihn im Rohr, im vorgeheizten Ofen, unter Zugabe von heißem Wasser garen und bräunen. Nach einer knappen Stunde entfernen Sie die Speckstreifen und übergießen den Fasan mit der sauren Sahne. Noch einmal muß er etwa 15 Minuten braten und bräunen. Den Bratensatz kochen Sie mit Brühe oder heißem Wasser los. Mit Salz, Pfeffer, Kognak und Sahne abschmecken.

Garzeit 1–1 1/4 Stunden.

Dazu ißt man fränkische Mehlklöße, halbseidene Klöße, Rapunzel und andere Frischsalate, angedünstete Tomaten.

Notizen und Rezepte

aus Nürnberg

Nürnbergs Gmüs-

Joh. Adam Delsenbach

und Saladgardn

Alter Weinmarkt, 1725

Die größte Bedeutung als Gemüse- und Salatanbaugebiet hat wohl das Knoblauchsland, das hinter Nürnbergs alter Kaiserburg beginnt. Seinen Namen hat dieses Gebiet vom „Knoberla", vom Knoblauch, der hier wächst. Nürnbergs an sich karger, sandiger Boden wurde hier in Generationen gefügig und ertragreich gemacht. Das Land ist flach, bietet sich der Sonne förmlich an, und seine Herren, die „Knoberlas-Bauan", wußten das zu nützen. Wenn man bedenkt, daß immerhin 47 Prozent des deutschen Gemüses allein aus dem Knoblauchsland kommen, versteht man dessen wirtschaftliche Bedeutung – und auch den heimlichen Stolz der Nürnberger auf ihr „Knoberlas-Land", das außer dem Gemüseanbau reizende Ausflugsorte bietet, allen voran Neuhof und Kraftshof mit ihren traditionellen „Kerwas" und dem Irrgarten des 1644 gegründeten Pegnesischen Blumenordens.

Nürnbergs Großmarkthallen, die ihre Tore im frühen Morgengrauen den Bauern der Umgebung öffnen, beziehen allein 80.000 Tonnen Gemüse aus dem fruchtbaren Hinterland. Von den „Kollarohm" (Kohlrabi) bis zum „Schpinoot" (Spinat), sämtliche Kohlsorten, Endiviensalat, Kopfsalat – sogar Tomaten und natürlich Kartoffeln werden draußen im Knoberla gezüchtet. Heute geschieht das natürlich unter Einsatz modernster technischer Errungenschaften: Bewässerungs- und Berieselungsanlagen oder Treibhauskulturen sind selbstverständlich geworden. Lieblingskind des Knoberlas und aller Franken ist jedoch der Spargel, der hier gestochen wird, Handelsklasse A, von allerbester, makelloser Schönheit. Schon um 1575 soll er dort von den Bauern aus dem sandigen Boden gestochen worden sein. Zahlreiche Spargellokale in der Umgebung oder mitten im Knoberla geben ein delikates Zeugnis, was man aus den weißen, bekopften Stangen alles machen kann.

Und natürlich gedeihen dort die „Schtorzernärla", der Spargel des übrigen Jahres, der spargellosen Zeit: die Schwarzwurzeln. Franken lieben diese wohlschmeckende Wurzel fast ebenso innig wie ihren Spargel. Woher das Wort „Schtorzernärla" kommt? Ganz einfach: vom vulgärlateinischen „scarzonera". Denn Varus und seine Legionen suchten ja nicht schnurstracks Köln auf, um dort eine Siedlung zu gründen.

Fränkischer Endiviensalat
Andivi

Ein Endivienkopf, 3–4 gekochte, geschälte Kartoffeln (kalt oder warm)
Zur Marinade: 2 feingeschnittene, mittlere Zwiebeln, 3 Eßlöffel Estragonessig, etwas Salz, 1 Prise frisch gemahlener Pfeffer, wenig Wasser – nach Belieben – zum Verdünnen, 4 Eßlöffel gutes Tafelöl

Nehmen Sie ruhig einen Endivienkopf, der mehr grün als gelb ist; er hat die meisten Vitamine. Zupfen Sie ihn nicht in Blätter und Blättchen, sondern schneiden sie ihm den Strunk ab, entfernen alles Welke und Häßliche und nehmen ihn dann derb in die Hand, er verträgt das schon. Waschen Sie ihn nun unter fließendem Wasser – möglichst rasch, aber doch gründlich; am besten heben Sie Blatt für Blatt hoch. Dann schütteln Sie den Salatkopf kräftig aus, legen ihn auf ein Küchenbrett und schneiden ihn in schmale, nudelartige Streifen.

Ihre Marinade steht schon bereit; dahinein geben Sie Ihren Endivien – aber erst kurz vor dem Auftragen. Zur Marinade und dem Endivien geben Sie nun Ihre geschälten, geschnippelten Kartoffeln und mengen den Salat ordentlich durch. (Die Kartoffeln nehmen dem Endivien das Bittere.)

Rapunzelfeldsalat
Rapunzala

150 g Rapunzel, 1 kleine, feingeschnittene Zwiebel, 2 Eßlöffel Essig oder Zitronensaft, etwas Salz, 1 Eßlöffel Öl, 1 Prise Zucker, 2 kleine gekochte, geschälte und geschnippelte Kartoffeln

Ihnen kommt es zugute, daß es Feldsalat im Winter gibt, wenn Sie nach Vitaminen lechzen. Sie kaufen ihn entweder „normal" oder „geputzt", waschen müssen Sie ihn trotzdem gründlich, Sand und Erde hängen immer in seinen Blättchen. Wenn Sie ihn gesäubert und geputzt haben, schleudern Sie ihn in einem Salatsieb trocken. In Ihrer Marinade schwenken Sie ihn dann kräftig durch und geben ihn gleich zu Tisch. In vielen fränkischen Gegenden gibt man – wie beim Endiviensalat – Kartoffeln darunter, in diesem Fall nehmen Sie aber keinesfalls zuviel!

Spargelsalat
Schpargl

1½ kg Spargel, Handelsklasse A, reichlich kochendes Salzwasser im breiten Topf, ca. 2½ l
Zur Marinade: Salz und Pfeffer, 1 Prise Zucker, ½ Tasse Estragonessig, 2 Tassen Spargelbrühe, 1 Bund frischer Schnittlauch, 4 Eßlöffel Tafelöl

Zum fränkischen Spargelsalat kaufen Sie unbedingt Spargel der Handelsklasse A. Die Köpfe müssen fest und geschlossen sein. Vom Kopf zum Schnittende hin schälen Sie nun die Stangen vorsichtig, aber gründlich. Reste von holzigen Schalen können das Vergnügen am ganzen Spargelessen nehmen. Das Schnittende schneiden Sie großzügig ab; es ist immer holzig und schmeckt bitter. Die geschälten Stangen waschen Sie nun und geben diese dann in kochendes Salzwasser, in dem sie bei kleiner Hitze langsam weich kochen müssen. Die Stangen müssen weich sein, aber noch „Biß" haben, sonst schmecken sie lappig. Die Kochzeit richtet sich nach Qualität und Stärke des Spargels, meist beträgt sie zwischen 20 und 25 Minuten. Eine Hilfe ist es, wenn Sie den Spargel, bevor Sie ihn ins Salzwasser geben, mit einem Faden bündeln, etwas 8–10 Stangen zusammen.

(Ein Tip für sparsame Hausfrauen: Die Spargelabfälle brauchen sie nicht fortzuwerfen. Sie ergeben, ausgekocht, noch eine kräftige Spargelsuppe.)

Wenn der Spargel weich ist, nehmen Sie ihn vorsichtig aus dem Wasser, damit Sie die Köpfchen nicht abknicken. Sie legen die Stangen in eine flache Schale oder auf eine Salatplatte, die zur Mitte hin eine Vertiefung hat.

In einer Schüssel bereiten Sie dann die Marinade unter Zuhilfenahme des Spargelkochwassers und geben diese über die Spargelstangen. Den frischen Schnittlauch hacken Sie fein und streuen ihn dick über ihren Spargelsalat. Und nun gibt es in Franken zwei Möglichkeiten, diesen Salat zu essen: warm oder kalt! Das ist eine Frage des persönlichen Geschmacks. Wenn Sie warmen Spargelsalat bevorzugen, können Sie ihn sofort zu Tisch bringen. Der richtige fränkische Spargelsalat jedoch muß „ziehen", er wird kalt gegessen. Sie decken Ihren Spargelsalat mit einer anderen Platte ab und lassen ihn dann bis zum nächsten Tag (4–5 Stunden genügen auch) in der Marinade liegen. So erst schmeckt er, wie fränkischer Spargelsalat eben schmekken muß!

Selleriesalat
Zölleri

3–4 mittlere Sellerieknollen, ca. 3 l Salzwasser, etwas Zitronensaft zum Beträufeln, Essig
Marinade: 1 große Tasse Selleriewasser, Salz, Pfeffer, Zucker nach Geschmack, 4 Eßlöffel Essig, 4 Eßlöffel Tafelöl, wenig Kümmel nach Belieben

Zur fränkischen Weihnachtsgans oder zum gebackenen Karpfen gehört diese deftige Knolle unbedingt. Aber Sie können sie zu jedem Braten servieren.

Kaufen Sie einwandfreie, gleichgroße Knollen, schneiden Sie, wenn nötig, die Wurzeln ab, bevor Sie den Sellerie kräftig waschen. Bürsten Sie ihn, bis er schön hell ist. In reichlich Salzwasser, dem Sie einen guten Schuß Essig beimischten, wird er nun weich gekocht. Die Garzeit ist verschieden, aber selbst kleine Knollen müssen etwa 1 Stunde kochen, bevor sie gar sind.

Die weichen Knollen nehmen Sie aus dem Wasser und schälen diese noch heiß. Schneiden Sie Scheiben davon und geben Sie diese in die Salatschüssel.

Aus den angegebenen Zutaten kochen Sie eine kräftige Marinade und geben diese noch heiß über Ihren Sellerie. Wenn Sie die Selleriescheiben gleich nach dem Schälen und Schneiden mit etwas Zitronensaft beträufeln, bleiben sie heller.

Nun decken Sie den Selleriesalat zu und lassen ihn gut durchziehen – am besten über Nacht.

Weißkrautsalat

1 mittlerer Weißkrautkopf, ½ feingehackte Zwiebel, 150 g durchwachsener Räucherspeck, 100 g Butter
Marinade: 3 Eßlöffel Essig, 1 Eßlöffel Öl, Salz, Pfeffer und zerstoßener Kümmel

Der fränkische Krautsalat wird immer aus dem sogenannten Frühkraut bereitet und ist ein reiner Rohkostsalat. Unter Frühkraut versteht man jene Weißkrautarten, die im Sommer reifen.

Zerteilen Sie den Kopf und schneiden Sie den Strunk heraus. Mit einem scharfen Küchenmesser schneiden Sie dann das Kraut in dünne Streifen, am besten mit dem Gemüsehobel, und geben die Zwiebeln dazu. Aus den Zutaten bereiten Sie nun Ihre Marinade und vermengen diese mit dem Kraut (es darf nicht „schwimmen"). Ihren halbfertigen Frühkrautsalat lassen Sie eine Weile ziehen (1 Stunde genügt). Erst wenn Sie ihn zu Tisch geben, lassen Sie in einem kleine Tiegel die Butter aus; sie soll braun, aber nicht zu dunkel sein. Den durchwachsenen Speck haben Sie fein gewürfelt und ebenfalls ausgelassen, goldbraun, aber nicht knusprig. Am Tisch geben Sie die Speckwürfel ohne das Auslaßfett über das Kraut, dann gießen Sie die braune Butter darüber.

Specksalat

1 einwandfreier Kopfsalat, 1 mittlere feingehackte Zwiebel
Marinade: Salz, Pfeffer, nach Belieben 1 Prise Dill, 3 Eßlöffel Essig, ½ Eßlöffel Öl, 100 g gewürfelter durchwachsener Räucherspeck

Kaufen Sie einen großen, schönen Kopfsalat (grünen Salat). Schneiden Sie das Salatende ab, blättern Sie den Salatkopf. Das „Herzchen", das Innere, der gelbe, feste Kern, bleibt dabei ganz. Waschen Sie nun Blatt für Blatt unter fließendem Wasser gründlich, aber rasch (Wasser zerstört Vitamine!). Im Salatkorb schleudern Sie den Salat dann trocken. Bevor Sie ihn zur Marinade geben, zerlassen Sie den Speck. Nun geben Sie den Salat zur Soße, gießen das ausgelassene Speckfett mit den Speckwürfeln darüber und geben ihn sofort zu Tisch.

Rote-Rüben-Salat
Route Roum

1–1½ kg kleine rote Rüben, ca. 3 l Salzwasser
Marinade: 1 große Tasse Rote-Rüben-Brühe, ½ Tasse Estragonessig, Salz, Pfeffer, 1 Eßlöffel gestoßener Kümmel, 1 knapper Eßlöffel Zucker, 1 Lorbeerblatt, 3–4 ganze Nelken, 1 Teelöffel zerdrückte Wacholderbeeren, 4 Eßlöffel Tafelöl, 1 Teelöffel Pfefferkörner

Auch die roten Rüben (rote Bete) kaufen Sie am besten, wenn sie kleinknollig sind und möglichst gleichgroß. Waschen Sie die Knollen gut, notfalls brauchen Sie die Bürste, dann garen Sie sie in Salzwasser in etwa 1–1½ Stunden. Die Knollen schälen Sie, wenn sie noch heiß sind, schneiden sie in Scheibchen und geben sie in die große Salatschüssel. Die Marinade aus den Zutaten muß kräftig kochen (15 Minuten). Noch kochend geben Sie die Marinade über die roten Rüben. Vermischen Sie den Salat gut mit der Soße, decken Sie ihn dann sofort zu. Er schmeckt am besten, wenn er mindestens 24 Stunden durchgezogen hat.

Sinn und Zweck des Marinadekochens: So zubereitet ist der Salat eine Woche lang aufzubewahren.

Nürnberger Kartoffelsalat
Potackn oder Äbian-Salot

750 g–1 kg möglichst speckige Kartoffeln, 1 Zwiebel, Salz und Pfeffer, 4 Eßlöffel Salatöl, 3 Eßlöffel Essig, nach Belieben mit ein wenig heißer Fleischbrühe verdünnt, Schnittlauch
Zum „Italiener“: 1 Tasse junges Dosenmischgemüse, 3 Eßlöffel Mayonnaise, verdünnt mit 1 Eßlöffel Dosenmilch

Verlangen Sie Salatkartoffeln, dann bekommen Sie keinen Ärger. Salatkartoffeln dürfen nicht mehlig sein, speckig sind sie richtig. Sie kochen die Kartoffeln mit der Schale, schälen und schneiden sie, solange sie noch heiß sind, und geben sie in eine Salatschüssel, zusammen mit der kleingehackten Zwiebel. Verquirlen Sie Ihre Marinade gut. Salzen Sie die Kartoffelscheiben leicht, bevor Sie die Marinade darübergeben und untermengen. Wenn Sie Pfeffer mögen, geben Sie ruhig eine Extraprise über den fertigen Salat, oder Sie streuen viel feingeschnittenen Schnittlauch darüber.

Fränkische Hausfrauen stellen mit dem Kartoffelsalat an, was sie wollen. „Eiskalt" machen sie aus dem warmen Salat einen „Idaliena". Dazu brauchen Sie nur noch eine große Tasse junges Mischgemüse aus der Dose und 2–3 Eßlöffel Salatmayonnaise. Ziehen Sie diese Zutaten unter Ihren fertigen Kartoffelsalat, geben Sie das fertige Durcheinander dann in Schöpfkellen oder Tassen und stürzen Sie die Portionen auf die Teller.

A Gmanschi

Kartoffelsalat wie im vorigen Rezept, 1 mittlere Gurke, Salz, 1 Teelöffel Dillspitzen, 2 Eßlöffel Estragonessig, 2 Eßlöffel Sahne oder 1 Eßlöffel Tafelöl, nach Belieben etwas Schnittlauch, weißer Pfeffer

„A Gmanschi" ist in Franken ein Salatgemisch aus Kartoffeln und einer frischen Gurke. In manchen Gegenden bezeichnet man als „Gmanschi" auch Kartoffelsalat mit Rapunzel oder Endiviensalat. Kartoffelsalat aber ist immer dabei; sonst wäre es kein „Gmanschi".

Sie bereiten Ihren Kartoffelsalat zu. Die frische Gurke schälen und hobeln Sie oder Sie schneiden sie dünn. Sie wird extra angemacht, bevor sie dann mit dem Salatlöffel unter den Kartoffelsalat gemengt wird. Gießen Sie aber vorher die Gurkenmarinade fort, sonst wird das „Gmanschi" zu flüssig.

Spargelgemüse

1 kg Spargel, Klasse B, Salzwasser, 50 g Butter, 40 g Mehl, etwas Pfeffer, Schnittlauch oder Petersilie, 2 Eigelb, 1 Eßlöffel Dosenmilch zum Verquirlen

Zum Spargelgemüse nehmen Sie Spargel der Handelsklasse B. Sie schälen, waschen und schneiden die Stangen (nicht zu kleine Stücke) und kochen sie in Salzwasser gar. Aus Mehl und Butter machen Sie eine helle, leichte Mehlschwitze und füllen mit Spargelwasser auf. Nun geben Sie die im Sieb inzwischen abgetropften Spargelstückchen hinzu und würzen nach Belieben. Schnittlauch oder Petersilie eignen sich gehackt gut zum Bestreuen.

Sie können Ihr Spargelgemüse mit verquirltem Eigelb legieren, danach aber bitte nicht mehr kochen lassen.

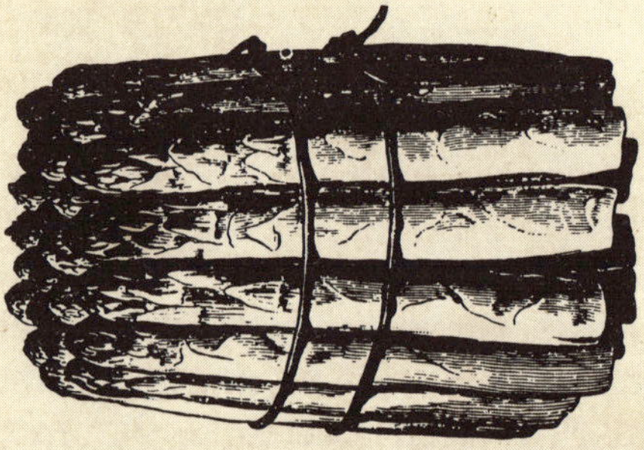

Wenn Sie **Spargel mit heißer Butter und Schinken** anbieten, dann nehmen Sie den Stangenspargel der Handelsklasse A dazu und garnieren mit Petersilie.

Fränkisches Sauerkraut

1 kg Sauerkraut, 1 kleine Zwiebel, 2 geschälte, saure Äpfel, 1 gelbe Rübe, Wasser, 1 Lorbeerblatt, 3 Nelken, etwa 10 zerdrückte Wacholderbeeren, 1 Prise Zucker, 1 Eßlöffel Schweineschmalz oder 150 g ausgelassener Speck zum Andünsten

Zwiebel, Äpfel und gelbe Rüben geben Sie zerkleinert in den Topf mit dem zerlassenen Schmalz. Lassen Sie diese Zutaten darin kurz andünsten, dann geben Sie das Sauerkraut hinzu, grob zerpflückt und ungewaschen, wenn es nicht zu „sauer" ist. Sie schwenken auch das Kraut kurz im Fett und gießen dann mit Wasser auf. (Falls Sie Dosensauerkraut verwenden: 1 Dose Kraut und 1 Dose Wasser; Kraut aus dem Faß ist nasser, bedarf dafür weniger Wasserzugabe.) Während Ihr Kraut nun langsam aufkocht, geben Sie Lorbeerblatt, Nelken und Wacholderbeeren hinzu. Kurz vor dem Garwerden schmecken Sie mit Zucker nach Belieben ab.

Kochzeit etwa 1½ Stunden.

Im fränkischen Sauerkraut wird meist Schweinefleisch, frisch oder geräuchert, mitgekocht. Aber es schmeckt auch ohne Fleischzugabe hervorragend.

Schwarzwurzeln Schtorzernärla

1 kg Schwarzwurzeln, Zitronen- oder Essigwasser, Salzwasser, mit Milch versetzt und etwas Zitronensaft, weißer Pfeffer, frische Petersilie, 50 g Butter, 30 g Mehl

Ziehen Sie jetzt Ihre Küchenhandschuhe an! Ihre Hände werden es Ihnen danken.

Die Schwarzwurzeln bürsten Sie zuerst trocken kräftig ab, dann unter fließendem Wasser. Nun schneiden Sie das obere und untere Ende der Wurzeln ab, entfernen die feinen Haarwurzeln und schaben dann die Wurzeln ins Wasser. Das heißt, Ihre Hände und die Wurzeln sollen nach Möglichkeit beim Schaben oder Schälen im Wasser sein.

Die geschälten Wurzeln schneiden Sie etwa in Kleinfingergröße und legen sie sofort in eine Schüssel mit bereitstehendem Essig- oder Zitronenwasser, damit sie nicht zu rot und dunkel werden.

Nun geben Sie die Wurzelstückchen in Salzwasser, dem Sie zur Hälfte Milch sowie etwas Zitronensaft beigeben. Darin garen die Schwarzwurzeln bei kleiner Flamme. Wenn sie weich sind, machen Sie eine helle, leichte Schwitze, füllen mit Kochbrühe und Wurzelstücken auf und schmecken gut ab. Gehackte, frische Petersilie streuen Sie kurz vor dem Auftragen über das Gemüse.

Kochzeit 50 Minuten.

Nürnberger Kohlrabi
Kollarohm

4–5 Kohlrabi mit Blattgrün oder Petersilie, Salz, Pfeffer, etwas Selleriesalz, 50 g Butter, 40 g Mehl

Ihre Kohlrabi, weiße oder blaue (die blauen sind zarter, weniger holzig) schälen Sie dünn, nachdem Sie das Grün von den Knollen entfernt haben. Alle holzigen Stellen entfernen Sie sorgfältig und schneiden die Kohlrabi dann in Scheibchen, geben diese in Salzwasser und lassen sie garen.

Inzwischen nehmen Sie vom Kohlrabigrün die einwandfreien Blätter, entfernen die harten Rippen daraus und lassen die Blätter dann in wenig Salzwasser in einem anderen Topf andünsten. Wenn diese halbweich sind, drehen Sie die Blätter entweder durch den Fleischwolf oder zerkleinern sie im Küchengerät. Das bittere Kochwasser wird weggeschüttet.

Wenn die Kohlrabi weich sind, bereiten Sie aus Mehl und Butter eine mittlere Schwitze, füllen mit dem Kohlrabiwasser auf und geben nun die Kohlrabi und das Blattgrün dazu. Während das Gemüse noch auf kleiner Flamme kocht, schmecken Sie mit Pfeffer und Selleriesalz ab. Frische Petersilie, klein gehackt, kann nach dem Kochen noch darübergestreut werden, falls Ihr Blattgrün nicht ausreichte.

Kochzeit etwa 45 Minuten.

Kartoffelgemüse Proletarier-Gulasch

750 g Kartoffeln, 1 große Zwiebel, 1 zerdrückte Knoblauchzehe, Fleischbrühe nach Bedarf, 1 knapper Löffel Mehl, Salz, Pfeffer, 1 Teelöffel Majoran, etwas Kümmel und wenig zerriebener Liebstöckel, 1 Schuß Essig nach Geschmack oder 1 Eßlöffel Paprika süß, nach Belieben Schnittlauch
Abwandlung: 150 g Speck, 200 g einfache Stadtwurst

Die geschälten, gewaschenen und in Stücke geschnittenen Kartoffeln geben Sie in den Topf mit dem ausgelassenen Schweinefett und der kleingehackten Zwiebel sowie dem Knoblauch und lassen alles kurz andünsten. Nun füllen Sie mit Fleischbrühe auf, würzen kräftig und lassen das Gemüse bei kleiner Hitze garen. Vergessen Sie nicht, gelegentlich umzurühren.

Wenn die Kartoffeln weich sind (nicht zu weich!), schmecken Sie ab und fügen nach Belieben Essig oder Paprika hinzu. Die Kartoffelstücke stäuben Sie nun mit etwas Mehl, rühren um, lassen sie noch einmal aufkochen und geben dann Schnittlauch darüber.

Abwandlung: Statt Schweinefett nehmen Sie ausgelassenen Speck. Die einfache Stadt- oder Brühwurst schneiden Sie würflig und schmoren sie zusammen mit den Kartoffeln an. Die Essigbeigabe entfällt hier.

Lauch
A Bohri

1 kg Lauch, 60 g Butter, nach Bedarf etwas Brühe (Lauch hat sehr viel Eigensaft!), Salz, etwas Pfeffer, wenig Mehl zum Stäuben

Nehmen Sie dicke, pralle Lauchstangen, Sie haben mehr davon! Schneiden Sie das Ende ab, und entfernen Sie die äußeren Blätter. Dann waschen Sie den Lauch gründlich und schneiden ihn in nicht zu kleine Stücke. Im Topf zerlassen Sie nun Butter und dünsten darin, unter Zugabe von wenig Brühe, den Lauch. Stäuben Sie das Gemüse nur sehr mäßig, wenn es gar ist, und würzen Sie nicht zu stark.

Kochzeit 30 Minuten.

Blaukraut

1 mittlerer Blaukrautkopf, nach Belieben 1 kleine Zwiebel, 60 g Schweine- oder Gänseschmalz, wenig Fleischbrühe, Salz, Pfeffer, 1 Lorbeerblatt, 2–3 Nelken, 2 große saure Äpfel, auch 1 Teelöffel Kümmel nach Belieben, Essig, Zucker, 1 Schuß Rotwein, 1 Löffel Mehl

In Ihren Gemüsetopf geben Sie das Schweine- oder Gänsefett, zerlassen es und fügen dann das kleingeschnittene, geputzte und gewaschene Blaukraut hinzu, dünsten es kurz an und füllen mit etwas Fleischbrühe auf. Nun geben Sie einen kräftigen Schuß guten Essig über das Gemüse, geben noch die Nelken dazu und die geschälten, geschnippelten Äpfel sowie das Lorbeerblatt und eine Prise Zucker nach Ihrem Geschmack. Zugedeckt lassen Sie das Blaukraut auf kleiner Flamme garen. Kurz vor dem Garwerden pfeffern Sie das Gemüse nicht zu zaghaft, schmecken nochmals ab und geben den Rotwein dazu. Jetzt erst stäuben Sie mit wenig Mehl.

Kochzeit 1 Stunde.

Notizen und Rezepte

Gerichte aus Kartoffeln

P. Fürst nach L. Schnitzer

Nürnberg von Südosten, 1664

Geröstete Kartoffeln
Gröste

1 kg Kartoffeln, Salzwasser (die Kartoffeln müssen damit bedeckt sein), 60 g Fett, Salz, nach Belieben Pfeffer, 1 Teelöffel gehackte Zwiebel, 1 Teelöffel Kümmel

Wählen Sie möglichst kleine Kartoffeln und waschen Sie diese, bevor Sie sie in der Schale in leicht gesalzenem Wasser kochen. Nach dem Garen schälen Sie die Kartoffeln und schneiden sie in Scheiben. (Sie können auch kalte Kartoffeln bzw. solche vom Vortag verwenden.) Das Fett lassen Sie nun in der Pfanne heiß werden und geben die Kartoffelscheiben dazu, salzen diese mäßig und geben nach Belieben Kümmel oder gehackte Zwiebeln dazu. Lassen Sie die Kartoffeln erst etwas anbraten, bevor Sie diese wenden. In Nürnberg liebt man Röstkartoffeln, möglichst klein geschnitten, mit nicht zu dunkler Kruste.

Garzeit 5–10 Minuten.

Allgemeine Schalenkartoffeln-Kochzeit: 30–45 Minuten, je nach Größe, Sorte und Jahreszeit. Erntefrische Kartoffeln benötigen weniger Garzeit als solche im Monat April nach der Winterlagerung.

Gröste nach Art der Oberpfalz

Wie vor
Dazu: je nach Geschmack und Qualität 150–200 g Schweinegrieben

Die Zubereitung ist wie oben. Nur geben Sie an Stelle des Kümmels reichlich Grieven (Grieben) hinzu. Lassen Sie diese dann von Anfang an mitbraten. Grieben bekommen Sie am besten bei Ihrem Gastwirt, der Hausschlachtung hat. Sie sind aber auch beim Metzger erhältlich – meist jedoch nicht in der gleichen guten Qualität (zu ausgelaugt und trocken).

Rohe Klöße
Klööß, Klüüs oder Kniedla

Etwa 2 kg rohe, mittelgroße Kartoffeln, 1 Päckchen Knödelhilfe, 500 g gekochte Kartoffeln, Salz, reichlich kochendes Wasser, 30 g Butter, Würfel von 1–1½ Brötchen

Falls Sie pro Person zwei Klöße wollen (wie es in Franken üblich ist), benötigen Sie die angegebene Menge an rohen Kartoffeln, die Sie waschen, dann schälen und ins Wasser legen. Wenn Sie alle Kartoffeln geschält haben, reiben Sie diese in eine große Schüssel, in die Sie vorher etwa ½ Tasse Wasser gaben. Nach dem Schälen fügen Sie ein Tütchen Knödelhilfe zum Geriebenen, damit die Klöße schön weiß bleiben.

Nun nehmen Sie ein Kartoffelsäckchen oder ein großes, einwandfrei sauberes Tuch, geben die geriebenen Kartoffeln hinein (am besten in Portionen, so geht es leicht) und drücken sie aus. Achten Sie aber darauf, daß Sie die geriebenen Kartoffeln nicht zu trocken drücken, die Masse muß noch glitschig sein.

Die gekochten, kalten Kartoffeln schälen und reiben Sie nun ebenfalls und geben sie zu den rohen, salzen den Teig leicht und überbrühen ihn dann mit ½ Tasse Wasser (kochend).

Der Kloßteig muß formbar sein, aber doch geschmeidig bleiben. Probe darauf: Er muß leicht durch die Finger rutschen.

Die Brötchenwürfel haben Sie inzwischen in Butter geröstet und geben diese nun noch heiß in die Knödel, die Sie formen. Achten Sie darauf, daß Ihre Klöße nicht zu groß und möglichst gleichmäßig sind. Sie werden in reichlich kochendes Wasser (keine Salzzugabe mehr) eingelegt, müssen einmal kräftig aufwallen, bis sie nach oben steigen. Im Topf ohne Deckel lassen Sie sie dann noch etwa 15 Minuten ziehen (je nach Größe).

Halbseidene Klöße
Seidne

Wie vor, aber ½ rohe, geriebene, ½ gekochte, geriebene Kartoffeln

Das Verfahren ist das gleiche wie im vorangehenden Rezept, nur die Zutatenmenge verändert sich.

Garzeit 15 Minuten nach dem Aufwallen.

Gekochte Klöße
G'kochte Kniedla

2 kg gekochte Kartoffeln, Salz, 3–4 Eier, 300 g Kartoffelmehl, 30 g Butter, 1 Brötchen, reichlich Salzwasser

Waschen und kochen Sie Ihre Schalenkartoffeln und geben Sie sie dann heiß durch die Kartoffelpresse. Kartoffeln vom Vortag reiben sie nach dem Schälen. Nun verquirlen Sie die Eier und geben diese dann zu den Kartoffeln. Hinzu kommt noch Salz nach Geschmack sowie das Kartoffelmehl. Den Teig vermengen Sie gut und formen dann nicht zu große Knödel, in die Sie frisch geröstete Brötchenwürfel geben.

In dem kochenden, leicht gesalzenen Wasser lassen Sie die Knödel einmal aufkochen und dann noch 10–15 Minuten ziehen.

Die angegebenen Zutatenmengen für Klöße fränkischer Art mögen Ihnen sehr reichlich erscheinen; sie sind es auch. Falls Sie mit einem Kloß pro Person zufrieden sind, genügt die halbe Menge der Zutaten in den angegebenen Rezepten. Franken sind ausgesprochene „Kniedlas-Essa". So ein fränkischer Junge von zwölf, dreizehn oder vierzehn Jahren ißt ohne weiteres zwischen drei und sieben Klöße zum Braten. Und falls

Klöße übrigbleiben, werden sie anderntags wie die „Gröstn" in der Pfanne mit Gans- oder Schweinefett geröstet, gut gewürzt mit Salz und Pfeffer zum Bratenrest, zu Gemüse oder auch zur gewöhnlichen Soße gegessen. Denn ein nochmals aufgekochtes „Kniedla" ist ein „Batzn", ein Stein im Magen. Wir kochen uns lieber frische.

Reibekuchen
Backas (Baggers)

1 kg Kartoffeln, Salz, Backfett (Pflanzenfett oder Schweineschmalz)

Schälen und reiben Sie die rohen Kartoffeln, geben Sie die Masse dann in ein Sieb und lassen Sie diese ordentlich abtropfen (nicht ausdrücken). Nach Ihrem Geschmack salzen Sie dann den Teig, der in Nürnberg weder Ei noch Zwiebeln enthält (Ausnahmen natürlich vorhanden), und geben ihn möglichst dünn in die Pfanne zu dem heißen Fett.

Backen Sie den „Backas" schön gleichmäßig und knusprig auf beiden Seiten.

Wenn Sie eine große Pfanne verwenden, machen Sie am besten mit dem Löffel kleine Plätzchen. Der fränkische „Bakkas", hausgemacht, ist aber meist tellergroß. Dazu essen Sie selbstgemachtes Apfelmus.

Oberpfälzer Franz'ns Kuacha

Wie oben und 200 g frisch ausgelassene Schweinegrieben

Die Zutaten und das Backrezept sind die gleichen. Nur geben Sie zum rohen Teig frische ausgelassene Grieben und backen dann den „Franz'ns Kuacha" in Schweinefett knusprig. Dazu ißt man den „Gröin" (Kopfsalat) oder Endivien.

Kartoffelspatzen
Potack'nschpotzn oder Schopperla

1 kg gekochte Kartoffeln, Salz, 75–100 g Mehl, 2 Eier, reichlich Salzwasser

Reiben Sie die gekochten und geschälten Kartoffeln (am besten kalte), verarbeiten Sie diese dann mit Mehl, Eiern und Salz zu einem geschmeidigen, aber nicht zu weichen Teig. Im Topf haben Sie inzwischen reichlich Salzwasser zum Kochen gebracht, geben nun die oval oder länglich geformten Spatzen (eßlöffelgroß) hinein und lassen diese in etwa 10 Minuten gar ziehen.

Zu Soßen jeder Art, auch zu Kraut und grünem Salat.

Kartoffelnudeln
Bauchstecherla, Fingerla oder Baunzerla

750 g Kartoffeln, Salzwasser, Salz, Muskat, 1 großer Eßlöffel Butter, 1 Ei, etwas Mehl, Ausbackfett

Waschen, schälen und halbieren Sie die Kartoffeln und lassen Sie diese dann in schwach gesalzenem Wasser garen. Dann gießen Sie das Kochwasser weg, lassen die Kartoffeln etwas ausdampfen und geben sie durch die Presse.

Das Ei (nach Belieben nur Eigelb) verquirlen Sie gut und geben es dann zusammen mit Salz, Muskat und dem Butterstück zu den Kartoffeln. Sie verarbeiten die Masse zu einem Teig, geben nur so viel Mehl hinzu, daß er formbar, aber nicht zu klebrig ist.

Mit angefeuchteten Händen formen Sie nun entweder etwa 3 cm dicke und 5–7 cm lange Röllchen oder Plätzchen (dann heißen sie „Potack'nplätzla"). In viel heißem Fett goldbraun backen. Dazu können Sie Gemüse, Salate und Braten reichen – oder, wie in Franken mehr üblich, süße Kompotte bzw. Kaffee.

Kartoffelbrei
Schtopfer

1 kg Kartoffeln, Salzwasser, Salz, Muskat, 50 g Butter, etwa ¼ l Milch, etwa 60 g Butter zum Rösten, 3–4 mittlere Zwiebeln

Waschen, schälen und vierteln Sie die Kartoffeln. Lassen Sie diese dann in schwach gesalzenem Wasser gar kochen. Gießen Sie das Wasser ab und zustampfen Sie die Kartoffeln gleich im heißen Topf mit dem Kartoffelstampfer. Nun würzen Sie die Masse mit Salz und Muskatnuß, geben das Butterstück hinzu und die inzwischen aufgekochte, heiße Milch. Die Masse müssen Sie dann noch einmal gut und kräftig durchrühren.

In der Pfanne haben Sie in reichlich Butter die Zwiebelringe schön goldgelb geröstet.

Wenn Sie den fränkischen „Schtopfer" servieren, geben Sie erst am Tisch die heiße Butter mit den Zwiebelringen darüber.

Mehlspeisen und Desserts

J. Poppel nach J. A. Klein

Burg von Nordosten, 1. Hälfte 19. Jh.

Nürnberger Apfelstrudel

250 g Mehl, 1 Ei, Salz, etwa ⅛ l Wasser, 800 g säuerliche Äpfel, 100 g Rosinen, Sultaninen oder Weinbeeren, 100 g Zucker, Zimt, 60 g Butter, Milch nach Bedarf

Geben Sie das Mehl durch ein Sieb auf das Nudelbrett. Nun drücken Sie mit der Hand eine Vertiefung in den Mehlberg. Dahinein geben Sie Salz, das Ei und so viel Wasser, daß Sie daraus einen geschmeidigen Teig arbeiten können. Mit einer Schüssel oder einem Topf decken Sie Ihren Strudelteigballen zu und lassen ihn so etwa 15 Minuten ruhen. Inzwischen mehlen Sie das Nudelbrett gut und rollen dann den ausgeruhten Nudelteig so dünn wie möglich aus. Zuletzt legen Sie das Nudelholz weg und ziehen mit ihren Fingern „gefühlvoll" den Teig noch weiter aus. Eigentlich müßte man durch ihn fast hindurchsehen können – so wäre er richtig. Aber er darf dabei nicht reißen! Nun pinseln Sie ein bißchen ausgelassene Butter auf die Teigplatte und geben dann die geschälten, klein und dünn geschnippelten Äpfel, die Rosinen oder Weinbeeren darauf, zuckern nach Ihrem Geschmack und streuen zuletzt gemahlenen Zimt darüber (vorsichtig!). Nun müssen Sie den Strudel aufrollen. Wenn Sie hier nur wenig Erfahrung haben, ist es besser, wenn Sie das mit Hilfe eines bemehlten Tuches versuchen: Die ausgezogene Teigplatte kommt vor dem Füllen darauf – und der Strudel rollt sich fast von selbst auf.

Und nun kommt das, was den „fränkischen Apfelstrudel" eigentlich ausmacht: Er kommt nicht aufs Backblech, sondern in eine Brat- oder Rohrnudelpfanne, in der Butter zerlassen wurde. Meist liegen in so einer Pfanne drei gleichmäßige Strudel. Mit dem Fettpinsel bestreichen Sie nun die Strudel mit der zerlassenen Butter und füllen vom Rand her heiße Milch in die Pfanne, etwa zwei Finger hoch. Im vorgeheizten Rohr muß der Apfelstrudel dann schön goldbraun backen. Nach der Hälfte der Backzeit gießen Sie noch einmal heiße Milch hinzu. Wenn diese aufgesogen ist, wissen Sie: Der Apfelstrudel ist fertig.

Sie können ihn auch kalt servieren – aber der Nürnberger Apfelstrudel ist eigentlich kein Nachtisch oder Kaffeegebäck. Er wird warm als Hauptgericht gegessen. Dazu können Sie Kaffee, Tee oder Kakao trinken.

Backzeit 40–50 Minuten, mäßige Hitze.

Rahmstrudel

Wie vor
Dazu: 4–5 Eßlöffel süßer Rahm, 1 Becher Sauerrahm oder ca. 1/8 l Buttermolke

Zubereitung und Zutaten wie im vorhergehenden Rezept.

Die Abwandlung besteht darin: Wenn Sie die ausgezogene Teigplatte auf dem bemehlten Tuch liegen haben, bestreichen Sie diese erst einmal mit Butter, dann mit dickem süßen Rahm (ungeschlagene Schlagsahne). Nach dem Füllen wird er wie der „Nürnberger Apfelstrudel" weiterbehandelt. Wenn Sie jedoch die zweite Milchzugabe nach der Hälfte der Backzeit der Pfanne zusetzen, streichen Sie fingerdick saure Sahne (Sauerrahm) auf den schon angebräunten Strudel. Diesen Prozeß können Sie, je nach Geschmack, während der darauffolgenden 10 Minuten einige Male wiederholen.

Diesen Rahmstrudel ißt man immer heiß oder warm. Am allerbesten schmeckt er, wenn statt der im Laden gekauften sauren Sahne solche vom Buttern verwendet wird, eine Art dicke, säuerliche Molke. Aber woher sollte man die heute nehmen!

Backzeit 50–55 Minuten, mäßige Hitze.

Besoffene Jungfern mit Weinsoße
Vasuffane Jungfan (fränkische Kartäuserklöße I)

8 alte Brötchen, ½ l Milch, 2 Eier, 1 Päckchen Vanillinzucker, 60 g Zucker, abgeriebene, ungespritzte Zitronenschale, Zimt, Semmelbrösel, gute Margarine oder Butter

Von den Brötchen reiben Sie die harte Kruste ab – oder schneiden Sie diese hauchdünn weg, dann halbieren oder vierteln Sie die Brötchen und weichen sie in Milch mit Eidotter, Zitronenschale, Zucker, Zimt und Vanillinzucker gut ein. Nun drücken Sie die Semmelhälften oder -viertel leicht aus und wälzen sie in dem verklepperten Eiweiß und den Semmelbröseln. Zerlassen Sie danach die Butter in der Bratpfanne und braten Sie die „Jungfern" darin goldbraun. Nach dem Braten werden sie rundherum und dick mit einem Zucker-Zimt-Gemisch bestreut bzw. in dem Gemisch gewälzt. Nun richten Sie sie auf einer heißen Platte an und reichen die Weinsoße dazu.

Weinsoße

¼ l Frankenrotwein, ¼ l Fruchtsaft (Johannisbeer oder Trauben), Zimt, 75–100 g Zucker, 2–3 Nelken, 20 g Speisestärke

Erhitzen Sie Wein mit Fruchtsaft, Zucker, Zimt und Nelken. Die Speisestärke rühren Sie dann in kaltem Wasser an und rühren sie in die vom Herd genommene Soße. Noch einmal ganz kurz aufkochen lassen.

Die Weinsoße muß kalt zu den warmen Jungfern gereicht werden.

Arme Ritter
(fränkische Kartäuserklöße II)

Wie vor
Dazu: Apfelmus oder Vanillesoße

An den Kartäuserklößen und ihrer Zubereitung ändert sich gar nichts. Die Zutaten sind die gleichen. Statt der Weinsoße ißt man dazu aber hausgemachtes, dünnes Apfelmus oder eine dünne Vanillesoße.

Apfelknödel
Öpflkniedl

250 g Mehl, Salz, ½ l Milch, 2–3 Eier, nach Belieben ca. 50 g Zucker zum Teig, Butter zum Ausbacken, 750 g mürbe, säuerliche Äpfel, Zimt, 100 g Zucker, Vanillinzucker

Sie bereiten einen einfachen Pfannkuchenteig (er darf nicht zu dünn sein) und geben ihn dann in die Pfanne, deren Boden mit zerlassener Butter nicht zu üppig bedeckt ist, zusammen mit den hauchdünnen Apfelschnitzen, die Sie vorher gut gezuckert und nach Ihrem Belieben auch mit Zimt oder Vanillinzucker bestreut haben. Sie müssen ständig am Herd bleiben, da der Teig leicht anbrennt. Wenden Sie ihn also ständig, und geben Sie stets Butterbrocken nach. Schieben Sie diese unter den Teig. Wenn der immer wieder gewendete und zerrissene Teig gar ist, sind es die Äpfel auch. „Öpflkniedl" muß eine goldgelbe Farbe haben.

Sie stürzen nun das „Öpflkniedl" auf eine Platte und bestreuen es dick mit einem Zucker-Zimt-Gemisch. Dazu können Sie Kaffee servieren – nach Belieben auch Kompotte.

Fränkische Apfelküchle
Apfelköichla

Teig wie oben, aber mit Zugabe von 1 Teelöffel Backpulver und 2 Teelöffeln Zucker, 750 g Äpfel, Zucker und Zimt, Ausbackfett, nach Belieben Kognak (auch Rum)

Sie bereiten einen Pfannkuchenteig, wie im vorhergehenden Rezept beschrieben, und achten wieder darauf, daß er nicht zu dünnflüssig wird. Die Äpfel schälen Sie dünn und schneiden sie dann in etwa 1 cm dicke Scheiben (vorher das Kernhaus ausstechen!). Dann legen Sie die Apfelringe in den dicken Teig, heben sie mit dem Löffel heraus und geben sie in heißes Fett in der Pfanne. Die Apfelküchlein sollen darin „schwimmen". Wenn sie goldgelb sind, nehmen Sie sie heraus, legen sie auf eine Platte und bestreuen sie sofort mit einem Zucker-Zimt-Gemisch; am besten wäre, Sie wendeten sie darin – aber Vorsicht, damit sie nicht zerfallen.

Dazu Kaffee oder Tee.

Falls Sie die Apfelküchlein nur als Nachtisch verwenden wollen, können Sie die Apfelringe vor dem Eintauchen in den Teig in guten Kognak legen und auch dem Teig einen guten Schuß beigeben.

Nürnberger Feuerspatzen
Feiaschpotzn

500 g Mehl, 1 Teelöffel Backpulver, 100 g Zucker, 1 Päckchen Vanillinzucker, abgeriebene Zitronenschale, 3 Eier, 125 g Butter, Kognak oder Rum nach Belieben, Zucker und Zimt zum Bestreuen
Ausbackfett: Öl, Kokosfett, Butterschmalz, gemischtes Fett kann verwendet werden, spritzt aber

Sie mischen das Mehl mit dem Backpulver, sieben es auf ein Backbrett, drücken eine Vertiefung ins Mehl und geben Zukker, Vanillinzucker, Zitronenschale und Eier hinzu, Kognak oder Rum nach Ihrem Belieben. Diese Zutaten vermischen Sie nun mit einem Teil des Mehls und geben dann erst in kleinen Stückchen die kalte Butter hinzu. Verkneten Sie alles rasch zu einem glatten Teig.

Ihr Ausbacktopf ist nur zu zwei Dritteln mit dem geeigneten Fett gefüllt. Das Fett muß bis auf 180–200 °C erhitzt werden, bevor Sie nun mit dem Eßlöffel Spatzen vom Teig abstechen und ins heiße Fett geben. Am besten prüfen Sie die richtige Temperatur, indem Sie ein Holzstäbchen hineinhalten; wenn sich Bläschen bilden, ist sie richtig. Backen Sie immer nur wenige Spatzen gleichzeitig aus – und beachten Sie, daß die Temperatur nicht fällt oder zu stark wird. Beides bekäme den Spatzen nicht. Sie würden entweder innen teigig bleiben oder sich zu sehr voll Fett saugen und dadurch schwer verdaulich werden.

Wenn die Spatzen goldgelb sind (bei richtiger Temperatur), sind sie gar. Nach Belieben mit Zucker und Zimt bestreuen und zum Kaffee reichen.

Maultaschen

300 g Mehl, Salz, 100 g Butter, 1/8 l heiße Milch, 750 g Äpfel, 100 g Weinbeeren, Zucker, Zimt, 1/8 l Sahne, 1 Ei, 40 g Zucker, Butter zum Bestreichen und für den Topf

Verrühren Sie das Mehl mit dem zerlassenen Fett, mit Salz und der heißen Milch. Kneten Sie daraus einen geschmeidigen, nicht zu weichen Teig. Daraus rollen Sie dann dünne Teigscheiben, etwa 20 cm groß, und bestreichen diese mit zerlassener Butter. Die Äpfel schälen Sie, befreien sie vom Kernhaus und schneiden ganz dünne Scheibchen, belegen damit die Teigplatten, geben die Weinbeeren dazu und überzuckern nach Ihrem persönlichen Geschmack – auch eine Zimtzugabe ist erlaubt. Dann rollen Sie die Maultaschen auf und geben sie nebeneinander in einen flachen Topf oder in die Bratpfanne, in der Sie viel Butter haben heiß werden lassen. Nun müssen die Maultaschen ca. 20 Minuten ohne Deckel im Rohr backen. Inzwischen verrühren Sie die Sahne mit Zucker und Ei und geben sie dann über die Maultaschen. Schieben Sie diese noch einmal ins Rohr und lassen Sie sie weitere 15 Minuten backen, bis die Eiersahne aufgesogen ist. Dann nehmen Sie die Pfanne aus dem Ofen, stürzen die Maultaschen in eine große Schüssel und decken diese ab, damit die Maultaschen einige Minuten gut durchziehen. Sie werden heiß zu Tisch gegeben.

Backzeit ca. 35 Minuten, Rohr vorgeheizt, 200–220 °C.

Abwandlung: Zur Fülle entsteinte Zwetschgen etc.

Fränkisches Kerschnmännla, Kirschenauflauf Aaflaaf

1½ kg Kirschen, 1 kg Brot (weiß oder schwarz oder gemischt), Milch zum Einweichen oder halb Wasser, halb Milch, 3–4 Eier, 1/4 l Milch, abgeriebene Zitronenschale, Zimt, Salz, 100 g Zucker, 40 g zerlassene Butter, Butter zum Ausfetten und für Flöckchen, nach Belieben Zucker und Zimt zum Bestreuen

Das Schwarz- und Weißbrot (oder nur Schwarz- oder nur Weißbrot) weichen Sie gut in der lauwarmen Milch ein, drücken es aus und geben es in eine große Schüssel. Dann verrühren Sie die Eier mit Milch, etwas Salz, Zucker, Zimt und Zitronenschale und geben das alles zur Brotmasse, ebenso die zerlassene Butter. Nun geben Sie die entsteinten Kirschen darunter, füllen die Masse in eine sehr gut gebutterte Auflaufform und backen sie bei Mittelhitze. Nach Belieben können Sie mehrmals Butterflöckchen darauf verteilen. Das Kirschenmännchen soll eine knusprige, aber nicht harte Kruste haben und innen saftig bleiben. Es wird in Franken als Hauptgericht gegessen. Dazu serviert man Kaffee.

Backzeit 40–50 Minuten, Mittelhitze.

Holunder, gebacken
Hollaschtreiberla

Pfannkuchenteig wie unter „Apfelküchle" (Rezept s. Seite 101), Holundersträuberle als Nachtisch (2–3 pro Person), Zucker und Puderzucker

„Holla" oder „Hollerschtreiberla" werden leider auch in Nürnberg immer seltener ausgebacken, dabei sind sie gut und vitaminreich (wenn man sie nicht zu Tode bäckt). Wer im Garten einen Holunderstrauch hat, sollte ruhig einmal das Rezept ausprobieren. Dazu bereiten Sie einen guten Pfannkuchenteig, dickflüssig ist er richtig. Die Holundersträuberle sollen reif, aber nicht überreif sein. Sie werden ganz kurzstielig geschnitten und kurz gewaschen, ein bißchen eingezuckert, während Sie Ihren Teig anmachen. Im Backtopf zerlassen Sie nun gutes Backfett und geben die Hollersträuberle zuerst in den Teig und dann ins Fett (Holzstäbchenprobe). Sie sind sofort fertig und golden. Sie nehmen sie aus dem Fett, legen sie auf eine Platte und sieben Puderzucker darüber. Sie schmecken gut zum Nachtisch und vertragen auch Kaffee als Zugabe.

Nudeln, hausgemacht

200–250 g Mehl, etwas Wasser, Salz, 2–3 Eier

Sieben Sie das Mehl auf ein Nudelbrett und bereiten Sie eine Vertiefung vor. Geben Sie die übrigen Zutaten hinein und verkneten alles zu einem seidigen Teig. Er muß mindestens 30 Minuten gut ruhen, bevor Sie ihn in etwa 4–5 Portionen teilen und diese dann dünn ausrollen. Die Teigplatten müssen nun gut trocknen – am besten an der Luft. Vorsichtig rollen Sie sie danach auf und schneiden sie je nach Belieben in Streifen. Noch einmal müssen sie nun gut trocknen, etwa 40 Minuten. Dann können Sie sie in kochendes Salzwasser geben, in 10–15 Minuten garen, mit kaltem Wasser kurz abschrecken und je nach Belieben verwenden, z. B. in Hühner- oder Rindsbrühe oder zur Bratensoße.

Oberpfälzer Mehlklöße Batzn

350 g Mehl, 1 Teelöffel Backpulver oder 1 Eßlöffel Hefe (mit 1 Teelöffel Milch angerührt), Salz, 3–4 Eier, kalte Milch zum Anrühren, 3–4 alte Brötchen, reichlich Salzwasser zum Kochen

Aus Mehl, Salz, Eiern, der angerührten Hefe und kalter Milch bereiten Sie einen dicken Teig, in den Sie nun die Brötchenwürfel geben. Der Teig muß eine Weile ruhen und ziehen; er wird dadurch noch dicker. Inzwischen haben Sie einen großen Topf mit schwach gesalzenem Wasser aufgesetzt. Wenn das Wasser kocht, stechen Sie mit einem Suppenlöffel Klöße ab und geben sie hinein. Etwas abgedeckt, nicht ganz jedoch, um ein Überlaufen zu vermeiden, müssen die Mehlklöße nun ca. 15 Minuten kochen und dann weitere 5 Minuten ziehen. Da sie sehr aufgehen, können Sie jeden Kloß halbieren oder in Scheiben zu Tisch geben.

Fränkische Mehlklöße werden genau so zubereitet, statt der Hefe wird jedoch 1 Teelöffel Backpulver unter das Mehl gesiebt.

Und noch einmal Schpotzn

1/8 l Milch, 30 g Butter, 1–2 Eier, Salz, 200 g Mehl

Diese „Spatzen"-Art ist allein undenkbar; dazu gehören immer Linsen. Linsen und Spatzen, zwei zusammengehörende Begriffe.

Aus Mehl, Butter, Milch, Eiern, Salz bereiten Sie einen seidigen, aber dennoch festen Teig und lassen ihn 30 Minuten ruhen. Dann stechen Sie mit dem Teelöffel Spatzen ab und geben diese ins kochende Salzwasser. Die Spatzen müssen 5 Minuten gut kochen und anschließend noch weitere 10 Minuten ziehen.

Die Linzn

Linsen: 500 g Linsen, Suppengrün, 1 Zwiebel, 50 g Schweineschmalz, 1 Eßlöffel Mehl, Salz, Wasser oder Einweichwasser, nach Belieben 2 Eßlöffel Essig, Zucker nach Geschmack

Das Verlesen und Über-Nacht-Einweichen können Sie sich heute ersparen; die Linsen, die Sie hygienisch verpackt bei Ihrem Kaufmann besorgen, sind bereits so vorbereitet, daß sie nur noch gewaschen werden müssen. Falls Sie Zweifel haben, können Sie sie noch 1–2 Stunden vorweichen; für gewöhnlich erübrigt sich das. Im Wasser oder Einweichwasser bringen Sie nun die Linsen zum Kochen und geben kleingeschnittenes, geputztes und gewaschenes Suppengrün hinzu. Bei mäßiger Hitze müssen die Linsen garen. Sie können vorgekochtes, geräuchertes „Bündle" oder Räucherspeck dazugeben. In heißem Schweineschmalz rösten Sie dann die kleingeschnittene Zwiebel an, geben Mehl hinzu und lassen es mitbräunen. Dann geben Sie die leichte Einbrenne zu den Linsen und schmecken mit Salz, Pfeffer und wenig Essig ab. Nach Belieben auch eine Prise Zucker beifügen – die Sie aber dann schon in der Einbrenne mitbräunen.

Die Kochzeit richtet sich nach der Art der Linsen, allgemein 1 Stunde.

Rhabarberkompott
Rhabarbara

1½ kg Rhabarber, nach Belieben etwas Vanillinzucker, viel Zukker nach Eigengeschmack, 1 kleine Tasse Wasser

Rhabarber ißt man wohl nirgends so gern wie in Nürnberg und Umgebung. Es ist kein Wunder, denn der Stolz jeder gartenbesitzenden Hausfrau ist es, den eigenen Rhabarber zu züchten. Meist ist es der sogenannte „Himbeerrhabarber".

Schneiden sie vom Rhabarber die beiden Enden ab und ziehen Sie mit dem Küchenmesser vorsichtig die Haut ab. Dann teilen Sie die Stangen in 2–3 cm dicke Stückchen, geben diese in den Topf und reichlich Zucker dazu. Seien Sie mit der Wasserzugabe sehr sparsam, Rhabarber hat sehr viel Saft; Ihr Kompott würde sonst zu wäßrig werden.

Lassen Sie den Rhabarber einmal kräftig aufkochen, dann nur noch leise ziehen.

Kochzeit höchstens 10 Minuten, manche Sorte ist nach 5 Minuten schon weich. Fränkischer Rhabarber ist kein Faserbrei, sondern hat Stückchen darunter, die noch „Biß" haben.

Abwandlung

Wie vor
Dazu: 500 g Kirschen, 1 Eßlöffel Zitronensaft nach Geschmack

Bevor Sie den Rhabarber in den Topf geben, kochen Sie in ganz wenig Wasser und Zucker entsteinte fränkische Kirschen halb weich; dann geben Sie den Rhabarber hinzu und garen ihn 5–8 Minuten. Der Rhabarber muß selbstverständlich – wie gewohnt – sehr gut gezuckert werden. Ein Schuß Zitronensaft, nach dem Garen beigegeben, hebt den frischen Geschmack. Sehr kalt servieren.

Fränkischer Zwetschgenbrei

1 kg Spätzwetschgen, 250 g Zucker, eventuell weniger, 1 Stück Zimtstange, 3 Nelken, Wasser nach Bedarf

Am besten sind hier die Spätzwetschgen zu verwenden – am allerbesten, wenn schon etwas Nachtfrost über sie kam, wenn sie runzlich aussehen und aufgeschnappt sind! Sie sind zuckersüß. Entkernen Sie sie nach dem Waschen, dann setzen Sie sie mit der nötigen Wassermenge zu. Je dicker der Zwetschgenbrei, um so lieber essen ihn die Franken. Von Anfang an geben Sie viel Zucker hinzu, ein Stückchen Zimtstange und die Nelken. Nach dem Garen noch einmal abschmecken.

Nürnberger Soßbirnen
Suußbian

1½ kg Soßbirnen, Kochwasser, Zucker, Stangenzimt und 3–4 ganze Nelken

Sie werden stets mit einem anderen Gericht in Verbindung gebracht, mit dem Kartoffelbrei. „An Schtopfa und Suußbian", schnell bereitetes Gericht, ißt man nicht oft, aber einmal im Herbst schon.

Soßbirnen sind jene kleinen, so holzig aussehenden Früchte, die meist am Chausseerand gedeihen, verwittert und ungenießbar aussehen. Roh kann man sie auch nicht essen; sie bleiben ewig hart. Nehmen Sie die Birnen, waschen Sie sie gründlich, und kochen Sie sie dann in Zuckerwasser weich, dem Sie Stangenzimt und Nelken zugaben. Sie brauchen lang zum Garen, manchmal 45 Minuten und länger, und die Stiele werden nicht entfernt. Wie sie vom Baum kommen, so werden sie gekocht und gegessen. Achten Sie darauf, daß Ihre Birnensoße richtig dick ist, sirupartig.

Soßbirnen werden warm zu heißem, frisch gemachten Kartoffelbrei gegessen.

Backwerk

Carl Rauch nach Ludwig Lange

Hauptmarkt, 1. Hälfte 19. Jh.

Hefeteig, Grundrezept

500 g Mehl, 25 g Hefe, 1 Teelöffel Zucker, 1 Eßlöffel Mehl, ¼ l Milch, 80 g Butter, 2 Eier, 75–100 g Zucker, 1 knapper Teelöffel Salz, abgeriebene Schale von 1 ungespritzten Zitrone, 1 Päckchen Vanillinzucker nach Geschmack

Sieben Sie das Mehl in eine tiefe Schüssel, drücken Sie eine Vertiefung in die Mitte, geben Sie dort hinein die zerkrümelte Hefe mit einem Teelöffel Zucker. Verrühren Sie nun Hefe und Zucker mit wenig lauwarmer Milch (1 Eßlöffel). Diesen Vorteig decken Sie zu und lassen ihn an einem warmen Ort (Ofennähe) 30 Minuten aufgehen. Nun verrühren Sie etwas Mehl darunter, nach und nach die Milch, die nicht flüssig gemachte, aber weiche Butter, Eier, Zucker und die Gewürze. Das Mehl rühren Sie mit einem großen Rührlöffel nach und nach ebenfalls mit unter den Teig. Wenn Sie den Teig kräftig durchgearbeitet haben, schlagen Sie ihn mit dem großen Rührlöffel so lange, bis er Blasen wirft und sich leicht von der Schüssel lösen läßt. Geben Sie nun etwas Mehl auf den Boden der Schüssel, formen Sie den Hefeteig zu einem Ballen, legen ihn wieder in die Schüssel und decken ihn mit einem Tuch zu. Lassen ihn an einem warmen Ort bis zur doppelten Größe aufgehen.

Nun können Sie den Hefeteig nach Ihrem Belieben und nach dem gewünschten Rezept weiterverarbeiten. Als Stollen, in der Backform oder auf dem Blech dann noch einmal 15 Minuten aufgehen lassen, danach bei ca. 200 °C backen.

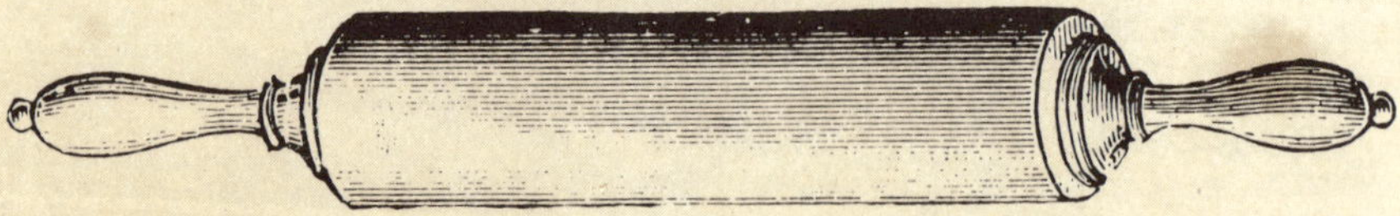

Osterzopf

500 g Mehl, 30 g Hefe, 1/8 l Milch, 100 g Zucker, 2 Eier, 125 g Butter, 1 Prise Salz, 150 g Weinbeeren, 100 g Sultaninen, 150 g gehackte Mandeln, 1 Handvoll Zitronat und Orangeat (zusammen), Vanillinzucker, 100 g gehackte Mandeln, 1 Ei zum Bestreichen

Zuckerglasur: 250 g sehr feiner Zucker, 1/8 l Wasser, Saft von 1/2 Zitrone

Bereiten Sie den Hefeteig nach dem Grundrezept, arbeiten Sie die gehackten Mandeln, die Sultaninen und die Weinbeeren hinein, ebenfalls das gehackte Orangeat und Zitronat. Lassen Sie den Teig aufgehen. Dann teilen Sie aus dem Teig einen größeren und einen kleineren Ballen, wovon sie jeden noch einmal dritteln. Formen Sie aus den Teigteilen Rollen und flechten Sie daraus einen größeren und einen kleineren Zopf. Den größeren Zopf geben Sie auf ein gefettetes Backblech, bestreichen ihn mit Eiweiß und legen nun den kleineren Zopf darauf. Diesen doppelten Zopf pinseln Sie gut mit verquirltem Eigelb ein. Lassen Sie ihn nun noch einmal 15 Minuten aufgehen, backen Sie ihn dann bei etwa 200 °C. Warm müssen Sie ihn mit Zuckerglasur bestreichen und dick mit gehackten Mandeln bestreuen.

Backzeit 40–50 Minuten.

Zuckerglasur: Kochen Sie den Zucker mit Wasser und Zitronensaft, bis der Zucker Fäden zieht. Dann etwas abschäumen und die Glasur heiß auf das Gebäck geben.

Osterweck, einfach

Grundteig (Hefeteig) und 60 g Sultaninen, zum Bestreuen Hagelzucker

Aus den Zutaten bereiten Sie einen Hefeteig nach dem Grundrezept, wobei Sie etwas Eigelb zum Bestreichen zurückbehalten. Lassen Sie ihn aufgehen und arbeiten Sie dann die übrigen

Zutaten darunter. Formen Sie nun einen schönen Laib, den Sie von außen zur Mitte drei- oder viermal einkerben (falls die Kerben nicht bleiben sollten, stecken Sie Kartonstreifen in den Teig, aber nicht zu tief). Noch einmal auf dem gefetteten Backblech 10 Minuten aufgehen lassen, dann mit Eigelb bepinseln und backen bei 200 °C. Nach Belieben vor dem Backen mit Hagelzucker bestreuen.

Backzeit 45–50 Minuten.

Nürnberger Weihnachtsstollen

2 kg Mehl, 250 g Hefe, etwa 1 l Milch, 500 g Zucker, 1 kg gute Butter, 2 abgeriebene Zitronenschalen, 25 g Salz, 1 kg Sultaninen, 300 g Weinbeeren, 200 g Zitronat, 200 g Orangeat, 350 g süße Mandeln, 200 g bittere Mandeln, Butter zum Einpinseln

Bereiten Sie alle Zutaten schon am Vorabend des Backtages vor: Schneiden Sie Orangeat und Zitronat in feine Streifchen oder Würfel, überbrühen Sie die Mandeln und ziehen Sie sie ab, hacken oder reiben Sie sie fein, verlesen Sie die Sultaninen und Weinbeeren. Alle Zutaten stellen Sie in die warme Küche.

Anderntags sieben Sie das Mehl in eine sehr große Schüssel (wie man sie früher zum Geschirrspülen verwendete). In einem Töpfchen rühren Sie nun Ihren Vorteig an. Dazu nehmen Sie die fein zerbröckelte Hefe, die Hälfte der lauwarmen Milch, 3–4 Teelöffel Zucker und 1 Eßlöffel Mehl, verrühren alles gut und lassen den Vorteig zugedeckt und warm gestellt aufgehen. Nun drücken Sie eine Vertiefung in das Mehl in der großen Schüssel, geben den Vorteig hinein und verrühren ihn mit Mehl, Zucker, Salz, Gewürzen, der weichen Butter (nicht flüssig!) und so viel handwarmer Milch, daß ein glatter Teig entsteht, der nicht kleben soll. Kneten Sie ihn mit der Hand so lange und so fest, bis er sich von der Schüssel löst. Er muß Blasen werfen und glänzend aussehen. Nun geben Sie die gewaschenen, in Mehl gewälzten Sultaninen und Weinbeeren, das Zitronat, Orangeat und die Mandeln hinzu. Alles rasch, aber gut verkneten. Den Teig formen Sie zu einem Ballen und decken ihn mit einem Tuch zu.

Und jetzt trägt ihn die fränkische Hausfrau meist zu ihrem Bäcker. Wenn Sie den Stollen aber zu Hause backen wollen, lassen Sie den Teig an einem warmen Ort noch gut 30 Minuten aufgehen, arbeiten ihn nochmals kurz, aber gut durch – und lassen ihn nochmals etwa 40 Minuten aufgehen. Auf das gefettete Backblech setzen Sie dann Ihren geformten Stollen (Teig übereinanderschlagen), lassen ihn nochmals aufgehen und backen ihn bei 190–200 °C. Decken Sie gefettetes Pergamentpapier auf den Stollen, damit dieser nicht zu rasch dunkelt. Noch heiß wird der Stollen mit Butter bepinselt und mit Puderzucker bestreut. Nach dem Erkalten noch einmal mit Puderzucker bestreuen. Stollen müssen 6 Tage liegen und ruhen, erst dann schneiden Sie sie an (eine längere Wartezeit macht sie noch mürber und besser).

Nürnberger Faschingskrapfen

500 g Mehl, 30 g Hefe, ¼ l Milch, 80 g Butter, 100 g Zucker, 2 Eier, 1 Prise Salz, abgeriebene Zitronenschale, Hiffenmark (Hagebuttenmark), Backfett (Butterschmalz am geeignetsten)

Verarbeiten Sie die Zutaten nach dem Hefeteig-Grundrezept und lassen Sie den Teig aufgehen. Dann rollen Sie ihn auf dem bemehlten Backbrett aus und stechen mit Hilfe eines Glases oder einer Tasse runde Teigscheiben aus (∅ etwa 7 cm). Belegen Sie nun je eine Teigscheibe mit Hiffenmark, geben eine zweite Teigscheibe darauf und drücken beide Scheiben fest zusammen. Hier hilft Ihnen wieder eine Tasse oder ein Glas (Rand mit dem Glas fest zusammendrücken). Die Krapfen lassen Sie nun nochmals aufgehen und geben sie dann in Backfett, wo sie schwimmend ausgebacken werden, bis sie auf beiden Seiten goldbraun sind. Nach dem Backen (mit Schaumlöffel aus dem Fett heben) wälzen Sie die Krapfen sofort in feinem Zucker oder bestreuen sie dick mit Puderzucker.

Hefenudeln
Ufakniedla oder Ufnschlupferla

Hefeteig nach Grundrezept, insgesamt 150 g gute Butter, Puderzucker nach Belieben

Den Teig bereiten Sie nach dem Grundrezept für Hefeteig. Nach dem Aufgehen teilen Sie ihn in tomatengroße Häufchen und formen daraus Kugeln. Geben Sie diese nach nochmaligem Aufgehen in eine gut gebutterte Auflaufform, und zwar so, daß immer (je nach Größe) 3 oder 4 Kugeln nebeneinander in einer Reihe liegen. Heizen Sie das Backrohr vor, während die „Ufakniedla" noch einmal kurz aufgehen. Dann gießen Sie zerlassene Butter über die Nudeln und backen sie bei etwa 190–200 °C.

Nach dem Backen noch einmal mit wenig heißer Butter bepinseln, kurz einziehen lassen, dann die Pfanne auf eine Platte stürzen. Die „Ufakniedla" fallen dann auseinander. Sie reichen Kaffee oder Kompotte dazu. Nach Belieben mit Puderzucker bestreuen.

Backzeit 30–45 Minuten.

Streuselkuchen
Schtreiserlas-Koung

Hefeteig, 300 g Mehl, 300 g gute Butter, 150 g Zucker, Zimt

Nehmen Sie den Hefeteig (Grundrezept) und geben Sie ihn auf das gefettete Backblech. Dann verkneten Sie Mehl, Zucker, Zimt und die zerpflückte (kalte) Butter, bröseln das Gemisch mit Hilfe zweier Gabeln zu Streuseln und belegen damit den aufgegangenen Teig auf dem Blech. Er muß noch einmal kurz aufgehen. Bei 200 °C backen Sie den Streuselkuchen nach fränkischer Art.

Backzeit 25–35 Minuten.

Zwetschgenkuchen
Zwetschgablotz

Hefeteig, 2 kg Zwetschgen, 40 g Semmelbrösel, Zucker und Zimt

Zum Teig nehmen Sie das Grundrezept. Die Zwetschgen (keine Pflaumen) waschen und entsteinen Sie und bestreuen nun den Teig auf dem Blech dünn mit Semmelbröseln. Dann legen Sie dicht und gleichmäßig die Zwetschgen darauf. Geben Sie nur eine kleine Prise Zucker darüber und backen Sie den Kuchen. Nach dem Backen sofort mit einem Zucker-Zimt-Gemisch dicht bestreuen.

Backzeit 30–40 Minuten bei etwa 200 °C.

Variationen

Beliebt sind in Nürnberg und Umgebung Apfel- und Zwetschgenkuchen (eine Reihe Äpfel, eine Reihe Zwetschgen). Darüber können Sie nach Geschmack noch Streusel geben. Ebenso nur Apfelkuchen mit Streuseln darüber – oder nur Zwetschgen und Streusel. Auch Kirschen, entsteint, mit Streuseln sind beliebt.

Apfel-Schlupfkuchen

Hefeteig, 1 kg Äpfel, Zucker und Zimt, Butter

Bereiten Sie den Hefeteig wie gewohnt, dann fetten Sie eine Spring-, Kasten- oder Auflaufform gut mit Butter. Geben Sie eine Schicht des nicht zu festen Hefeteigs in die Form, geschälte und entkernte Apfelspalten darüber, wenig Zucker und Zimt, darüber wieder eine Schicht Teig, danach Äpfel, zum Abschluß wieder Teig. Bepinseln Sie die obere Teigplatte mit zerlassener Butter. Dann backen Sie den Kuchen bei etwa 190 °C 35–40 Minuten.

Nach dem Backen kann nach Belieben Puderzucker auf den Schlupfkuchen gestreut werden.

Kerwaköichla

Hefeteig, gutes Butterschmalz (Küchle müssen schwimmen und dürfen sich nicht berühren; also immer nur wenige in den Ausbacktopf geben!), Puderzucker nach Belieben, auch feiner Streuzucker

Aus dem Hefeteig formen Sie Kugeln von 5 bis 6 cm ∅ und lassen diese aufgehen. Unmittelbar vor dem Backen erst ziehen Sie mit den Händen die Teigkugeln so auseinander, daß eine Art Ring von 8–9 cm ∅ mit einem hauchdünnen (man soll durchsehen können) Teigboden entsteht. Der Teig darf dabei nicht reißen. In heißem Butterschmalz backen Sie die Küchlein von beiden Seiten goldbraun und bestreuen sie dann mit Puderzucker.

Diese Sorte heißt auch „Knöiköichla", weil die fränkischen Bäuerinnen sie ehedem kurzerhand übers Knie zogen und damit den dünnen Teigboden richtig zustande brachten.

Die sogenannten „Kissla" oder „Viereckerten" werden mit dem Teigrädchen ausgeradelt (zuerst mit dem Nudelholz ausgewalkt, dünn und gleichmäßig) und kommen dann ins Backfett, wo sie ebenfalls schwimmend ausgebacken werden. Ihre Form entsteht dadurch, daß sich der Teigteil, der zuerst ins heiße Fett kommt, bläht.

Mürb- oder Knetteig, Grundrezept

500 g Mehl, 250 g Butter, 140 g Zucker, 2 Eier, 1 Prise Salz, 1 Prise Backpulver, eventuell etwas Vanillinzucker

Mischen Sie das Mehl mit dem Backpulver und sieben Sie es auf das Backbrett. Drücken Sie eine Vertiefung in die Mitte, füllen Sie diese mit Zucker, Eiern und den Gewürzen. Verarbeiten Sie diese Zutaten mit einem Teil des Mehls. Es muß ein dicker Brei entstehen. Das kalte Fett schneiden Sie in kleine Stückchen und legen es auf den Brei, geben nun etwaige Zutaten (wie Sultaninen usw.) hinzu, bedecken die Masse rasch mit dem Mehl und bearbeiten sie mit dem Handballen so lange, bis Sie einen geschmeidigen Teig erhalten. 30–50 Minuten müssen Sie ihn danach kalt stellen (am besten in den Kühlschrank), dann können Sie ihn auf dem bemehlten Backbrett auswalken.

Vor dem Backen nehmen Sie eine Gabel und stechen den Mürbteigboden mehrmals damit ein; das soll verhindern, daß der Teig während des Backens Blasen bildet.

Gedeckter Apfelkuchen

Mürbteig, 1 kg Äpfel, 150 g Weinbeeren, Zucker und Zimt, ½ Tasse Weißwein, 1 Eigelb, Puderzucker

Bereiten Sie einen Mürbteig nach dem Grundrezept, rollen Sie davon etwas mehr als die Hälfte aus und geben es in die gebutterte Springform. Formen Sie ringsum einen etwa 2½ cm hohen Rand und stechen Sie den Teigboden mehrmals mit der Gabel ein. Bei 200 °C backen Sie den Boden nur kurz in 10 Minuten an, lassen ihn etwas auskühlen. Inzwischen haben sie Äpfel und Weinbeeren mit Zimt und Zucker in Weißwein gedünstet. Durch ein Sieb abtropfen lassen und auf den Boden geben. Aus dem Teigrest rollen Sie nun eine Teigplatte in der nötigen Größe und geben diese auf die Füllung. Bestreichen Sie sie mit verquirltem Eigelb und backen sie nun den Kuchen bei etwa 200–210 °C.

Nach dem Backen entweder Puderzucker darüberstreuen oder mit heißer Zuckerglasur überpinseln.

Backzeit nach dem Füllen 30 Minuten.

Rhabarberkuchen

Mürbteig, 750 g Himbeerrhabarber, 250 g Zucker, etwas Zimt, Semmelbrösel, Puderzucker oder Zuckerglasur

Bereiten Sie zwei Mürbteigböden nach dem Rezept. Den Rhabarber schälen Sie dünn, teilen ihn in 2 cm große Stücke, vermischen ihn mit Zucker und wenig Zimt und lassen ihn Saft ziehen. Dann dünsten Sie ihn – ohne Wasserzugabe – gar; er darf dabei nicht zerfallen. Lassen Sie den gedünsteten Rhabarber auf dem Sieb abtropfen und abkühlen. Einen Tortenboden bestreuen Sie dünn mit Semmelbröseln, geben den Rhabarber darauf, dann die zweite Teigplatte. Sie backen den Kuchen nun bei etwa 200 °C.

Puderzucker daraufstreuen oder mit heißer Zuckerglasur überziehen.

Backzeit nach dem Füllen 25 Minuten.

Variation

½ Rezept Mürbteig, Rhabarberbelag wie oben, süße Sahne

Hierzu stellen Sie nur einen Mürbteigboden her, backen ihn in etwa 10 Minuten an, belegen ihn mit dem gedünsteten und abgetropften Rhabarber und überbacken ihn noch etwa 15 Minuten. Garnieren Sie den Kuchen mit Schlagsahne.

Rhabarber-Streuselkuchen

1 Mürbteigboden, gedünsteter Rhabarber (s. S. 120), Streusel (S. S. 116)

Auf den Mürbteigboden geben Sie nach dem Vorbacken den gedünsteten Rhabarber und darauf die Streusel.

Backzeit nach dem Belegen ca. 30 Minuten.

Auch Zwetschgen oder Kirschen mit Streuseln lassen sich so verarbeiten.

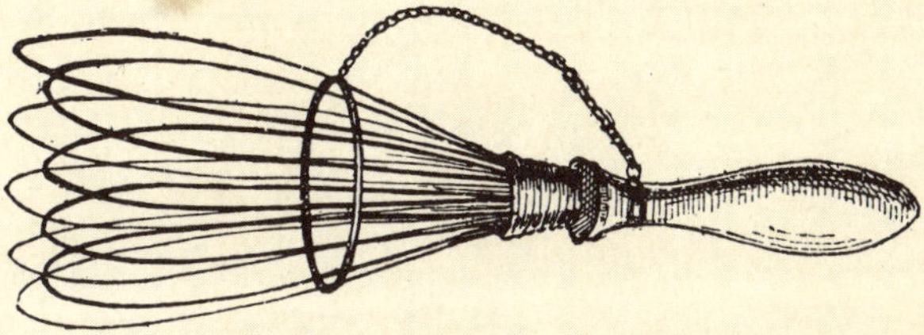

Gsundheitsschatt

500 g Mehl, 1 Päckchen Backpulver, 1/8 l Milch, 4–5 Eier, Schale von 1 Zitrone, 1 Prise Salz, Vanillinzucker, 250 g Zucker, 250 g Butter, Puderzucker

Zerkleinern Sie die Butter und rühren Sie sie in einer angewärmten Schüssel schaumig. Unter ständigem Rühren geben Sie Zucker, Vanillinzucker, Eier, Salz und die abgeriebene Zitronenschale hinzu. Das Mehl mischen Sie mit dem Backpulver und sieben es eßlöffelweise zu der Schaummasse; die Milch geben Sie abwechselnd dazu. Wenn der Teig fertig ist, muß er schwer vom Löffel reißen. Füllen Sie nun den Teig in eine gefettete und gebröselte Schattform (Napfkuchenform). Backen Sie den Kuchen bei etwa 175–190 °C, dann bestreuen Sie ihn mit Puderzucker oder überziehen ihn mit Zuckerguß-Arrak-Glasur.

Backzeit 50–70 Minuten.

WEIHNACHTS- UND FESTTAGSKLEINGEBÄCK

Fränkisches Hutzelbrot

3 Eier, 125 g Zucker, Vanillinzucker, 1 Eßlöffel Lebkuchengewürz, 150 g gehackte Mandeln, 100 g gehackte Haselnüsse, 125 g geschnittene Feigen, 125 g getrocknete Aprikosen und 100 g getrocknete Birnenschnitze, 200 g Sultaninen, 150 g Mehl, 1 Päckchen Backpulver, 2 Eßlöffel Rum

Das fränkische Hutzelbrot rechne ich nur deshalb zum Kleingebäck (der Weihnachtszeit), weil es stets zusammen mit anderem Weihnachtsgebäck in kleinen Stücken und Scheiben im bunten Teller gereicht wird.

Schlagen Sie die Eier mit dem Zucker und dem Vanillinzucker schaumig, geben Sie das Lebkuchengewürz, die Mandeln, Nüsse, Feigen, die getrockneten und gequollenen, kleingeschnittenen Aprikosen und Birnenschnitze dazu und ganz zuletzt erst das mit dem Backpulver gemischte und gesiebte Mehl. Der Rum kommt ebenfalls erst jetzt in die Masse. Füllen Sie den Teig in eine Kasten- oder Auflaufform, die Sie mit gefettetem Pergament auslegten, und backen Sie das Brot bei etwa 190 °C. Nach dem Backen kurz abkühlen und auf einen Rost stürzen, das Pergament nun abziehen.

Backzeit 1½ Stunden.

Nürnberger Elisen-Lebkuchen, hausgemacht

4 Eier, 250 g Zucker, 1 Päckchen Vanillinzucker, ½ abgeriebene Zitronenschale, 100 g Zitronat, 75 g Orangeat, 250 g Mandeln, 2 Teelöffel Backpulver, 300 g Mehl, 1½ Teelöffel Zimt, 1½ Teelöffel Nelken, gemahlen, 1 Prise Piment, 1 Prise Kardamom, 1 Messerspitze Ingwer, Oblaten

Überbrühen Sie die Mandeln, ziehen Sie sie ab und hacken Sie sie fein. Das Zitronat und Orangeat schneiden Sie so fein und dünn wie möglich.

Die Eier und den Vanillinzucker schlagen Sie schaumig, geben den Zucker dazu, schlagen alles zusammen, bis eine cremige Masse entsteht. Dann geben Sie das Zitronat und Orangeat, die Mandeln und die Gewürze hinzu, zuletzt eßlöffelweise das Mehl mit dem Backpulver. Auf runde Oblaten streichen Sie den Teig nun fingerdick (Oblaten 8–10 cm ∅) und backen die Lebkuchen auf dem Blech im Backrohr bei etwa 180–190 °C ca. 20 Minuten.

Überziehen Sie die fertigen Lebkuchen mit Schokoladen- und Zuckerglasur, nach Belieben auch mit Zucker-Rum-Glasur.

Weiße Mandellebküchlein

(Originalrezept)

Ziehet ein halbes Pfund Mandeln ab, trocknets mit einem Tuch, schneidet sie viertelweiß, legets auf ein Papier, setzets in ein Oefelein und bräunet sie ab. Nehmet ferner zwölff Loth schönes Mehl, vierzehn Loth Zucker, und von fünf Eiern das Weiße, samt zwey und einem halben Dotern, rührets in einer Schüssel wohl untereinander, thut ein halbes Loth Muscatnuß, eben so viel Zimmet, und ein klein wenig Anis und Rosenwasser dazu, rühret alles wohl durcheinander, thut etzlicht die abgebräunten Mandeln dazu, streichet diesen Taig auf Oblat-Blätlein, bachets und behaltets an einem warmen Ort auf, so bleiben sie rösch.

Amen, möchte ich hier sagen und frage mich vergebens, was denn ein Loth sei. Und auch Friedericke, jene resolute und empanzipierte, dem Fortschritt zugeneigte Kochbuchautorin aus Nürnberg, die alldieweil auf die Sparsamkeit der bürgerlichen Köchin und Frau ausgerichtet war, berichtet nichts Neues. Das Geheimnis lüftet keinen Vorhang. Dunkel bleibt für alle Zeiten die Lebkuchenherstellung.

„Wollt ihr aber auch einen,
natürlich einen kleinen,
so braucht ihr nicht lang euch umzusehn,
dürft nur durch Nürnbergs Straßen gehn,
da schauen sie aus manchem Haus
gar freundlich zu dem Fenster heraus,
und drinnen liegen sie von der untersten Ecke
aufeinandergeschichtet bis zur Decke:
die dick- und dünngemandelten,
die grob und fein behandelten,
die braunen und die weißen,
die wir so gern verspeisen,
die langen und die runden,
die werden da gefunden."

Ringsum knistert's, und ich spüre, es ist Nostalgie. Die Lebkuchen, Leckäichla, Lebkoung unserer Tage besitzen Zauber, der den genialsten Diätspeisezettel verlacht. Und mir ist es völlig egal, ob die erste Silbe des Wortes aus dem Mittellateinischen stammt oder nicht. „Libum" als Kuchen oder Fladen ...

Am liebsten höre ich die Worte, die keiner Übersetzung bedürfen: „Mogst an Lebkoung – sinn ganz frisch!"

Und wer hier nein sagt, ist selber schuld.

Nürnberger Kindleinsmarkt, 1805

Fränkische Springerle
Eierzucker

3 Eier, 250 g Puderzucker, Vanillinzucker, 250 g Mehl, 1 Messerspitze Backpulver, gemahlener Anis

Schlagen Sie die Eier schaumig. Geben Sie Puderzucker, Vanillinzucker dazu, so daß es eine cremige Masse ergibt. Mischen Sie das Mehl mit dem Backpulver, sieben Sie es über die Eicreme, dann vorsichtig unterheben. Die Masse geben Sie auf ein bemehltes Backbrett und rollen sie 1 cm dick aus. Schneiden Sie Rechtecke in der Art der Modeln (Springerleformen), drücken Sie diese auf die Modeln, heben Sie sie dann ab und schneiden Sie die Ränder weg. (Modeln müssen mit Mehl bestäubt werden.) Auf einem gefetteten Backblech, auf das Sie nach Belieben noch Anis streuen, müssen die Springerle nun etwa 24 Stunden in einem trockenen, warmen, aber nicht überheizten Raum trocknen. Dann backen Sie sie im Backrohr bei 150 °C 20–30 Minuten hell.

Fränkisches Butterzeug

1 kg Mehl, 1 Prise Salz, 500 g Butter, 350 g Zucker, Rum oder Arrak nach Bedarf, 4 Eier

Rühren Sie die Eier mit dem Zucker zu einer Creme, geben Sie den Rum oder Arrak dazu, heben Sie dann das gesiebte Mehl unter. Kneten Sie den Teig, danach stellen Sie ihn im Kühlschrank kalt. Schneiden Sie nun immer nur so viel Teigmasse ab, als Sie gerade auf dem Backbrett verarbeiten können. Rollen Sie die Teigscheibe auf dem leicht bemehlten Brett dünn aus und stecken Sie mit beliebigen Formen Plätzchen ab. Geben Sie diese mit einem Messer auf das gefettete Backblech und backen Sie sie bei etwa 150–160 °C golden.

Backzeit 10–15 Minuten bei gut vorgeheiztem Rohr.

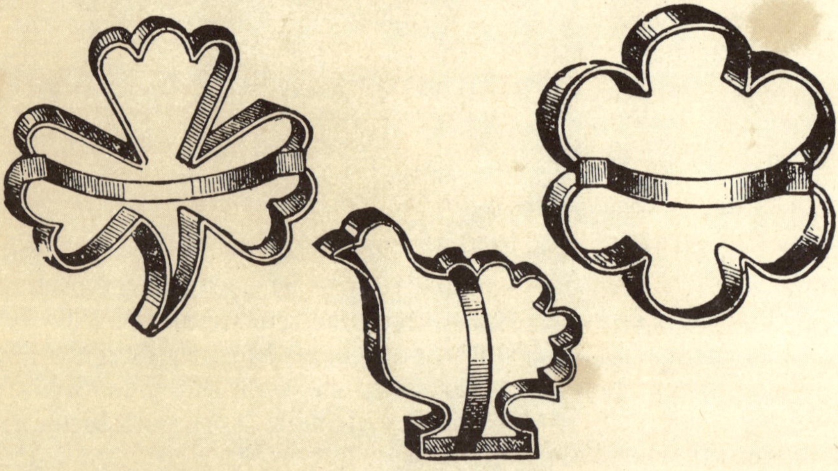

Nürnberger Braune Plätzla

500 g Honig, 500 g Zucker, 4 Eier, 1 Eßlöffel Zimt, 1 Teelöffel Nelken, abgeriebene Zitronenschale, 1 kg Mehl, 2 gestrichene Teelöffel Hirschhornsalz, ebenso Pottasche

Erhitzen Sie den Honig mit Zucker und lassen die Zucker-Honig-Masse dann abkühlen. Die Eier schlagen Sie mit den Gewürzen schaumig und verrühren sie mit der Honigmasse. Das gesiebte Mehl mischen Sie mit dem Hirschhornsalz darunter und geben zuletzt die in wenig warmem Wasser gelöste Pottasche dazu. Den Teig lassen Sie nun 24 Stunden ruhen und geben dann auf das gefettete Backblech mit dem Teelöffel kleine Häufchen. Backen Sie die braunen Plätzchen bei etwa 185 °C.

Backzeit 30 Minuten.

Nürnberger Früchtebrot

Je 250 g gedörrte Feigen, Zwetschgen, Aprikosen und Birnen, 500 g Mehl, 20 g Hefe, 130 g Zucker, Salz, 1 Prise gemahlene Nelken, 1 Eßlöffel (schwach!) Zimt, 1/8 l Zwetschgenwasser, 175 g Sultaninen oder Rosinen, 50 g Weinbeeren, 100 g Haselnüsse, je 50 g Orangeat und Zitronat

Die Dörrfrüchte weichen Sie über Nacht in Wasser ein – die Birnen kochen Sie am besten anderntags im Einweichwasser gar. Nachdem Sie das Obst gut getrocknet haben, schneiden Sie es in kleine Stückchen. Nach dem Grundrezept (zusammen mit der Obstbrühe, Zimt, Nelken und Zwetschgenwasser) stellen Sie nun einen Hefeteig her. Die zerkleinerten Früchte, die Rosinen und Weinbeeren, die gehackten Haselnüsse sowie das gehackte Zitronat und Orangeat verarbeiten Sie gut mit dem Teig. Der Teig ist richtig, wenn er nicht zu fest ist, sondern sich geschmeidig anfühlt. Formen Sie nun kleine Kipfchen oder Laibchen, die Sie auf ein Backbrett geben und über Nacht in einem warmen Raum gut aufgehen lassen. Am Morgen backen Sie die Früchtebrote bei guter, aber nicht zu starker Hitze und bestreichen sie noch heiß mit einer Glasur.

Backzeit 50–60 Minuten.

Glasur: 125 g Zucker, in 2–3 Eßlöffeln heißen Wassers verrührt und gelöst (Fein- oder Puderzucker).

Notizen und Rezepte

aus Nürnberg

Register

J. C. von Volckamer *Doktor Fetzers Garten, 1708*

Suppen

Veschperla ba uns dahamm

Fischgerichte

Fleischgerichte

VOM SCHWEIN

Gerichte aus Kartoffeln

Mehlspeisen und Desserts

Backwerk

VON HEFE

VON MÜRB- ODER KNETTEIG

WEIHNACHTS- UND FESTTAGSKLEINGEBÄCK

NVREMBERGA
S. Sebaldus.